Numerologie

Robert Griesbeck

NUMEROLOGIE
Ihre Zahlen richtig gedeutet

Im FALKEN TaschenBuch sind weitere esoterische Ratgeber erschienen.
Sie sind überall erhältlich, wo es Bücher gibt.

Der Text dieses Buches entspricht den Regeln
der neuen deutschen Rechtschreibung.

Dieses Buch wurde auf chlorfrei gebleichtem
und säurefreiem Papier gedruckt.

Originalausgabe
ISBN 3 635 60192 6

© 1998 by FALKEN Verlag, 65527 Niedernhausen/Ts.
Die Verwertung der Texte und Bilder, auch auszugsweise, ist ohne Zustimmung des Verlags urheberrechtswidrig und strafbar. Dies gilt auch für Vervielfältigungen, Übersetzungen, Mikroverfilmung und für die Verarbeitung mit elektronischen Systemen.

Umschlaggestaltung: Zembsch' Werkstatt, München
Gestaltung: Beate Müller-Behrens
Redaktion: Daniela Weise, München / Susanne Janschitz
Herstellung: Michael Feuerer, Bad Aibling / Torsten Hellbusch
Titelbild: Bavaria, München
Produktion: Buch-Werkstatt GmbH, Bad Aibling
Druck: Wiesbadener Graphische Betriebe GmbH, Wiesbaden

Die Ratschläge in diesem Buch sind vom Autor und vom Verlag sorgfältig erwogen und geprüft, dennoch kann eine Garantie nicht übernommen werden. Eine Haftung des Autors bzw. des Verlags und seiner Beauftragten für Personen-, Sach- und Vermögensschäden ist ausgeschlossen.

817 2635 4453 6271

INHALT

Einleitung 6

Zahlen können erzählen 8

Am Anfang war das Zählen 10

Die Magie der Zahl 16

Die eigenen Zahlen finden 24

Die Bedeutungen der Zahlen 1 bis 9 28

Die Geburtstagszahlen 55

Welcher Tag ist günstig? 64

Zahlen ohne Ende: von 10 bis 10 000 67

Partnerschaft nach den Zahlen 79

Numerologie und Astrologie 117

Zahlen und gehen… 135

Einleitung

„Sie können auf mich zählen!" – „Der ist doch nur irgend so eine kleine Nummer." – „Die ist unsere Nummer 1." Tatsächlich, die Zahlen und ihre Reihenfolge bestimmen nicht nur die Mathematik, sondern auch ganz deutlich unser tägliches Leben – in Redewendungen und Symbolen, denken Sie nur an das verflixte siebte Jahr, Achtung, einzigartig, traute Zweisamkeit usw.

Und Zahlen haben noch heute eine deutliche Aussagekraft – nicht nur die „schreckliche" 13 –, denn allzu tief sitzt die uralte Beziehung zwischen Buchstabe und Zahl, die mythische Verbindung, die zu der Zeit entstand, als Menschen ihre Umgebung und ihr eigenes Wesen beschreiben wollten – Zusammenhänge, die manche moderne Mathematiker und Erforscher der Chaostheorie scheinbar wieder zu Schamanen und Magiern machen. Denn wie anders soll man mathematische Gebilde verstehen, die sich quasi unendlich aufblähen, um schlussendlich ihren eigentlichen Anfang wieder am Schwanz zu packen. Die moderne Mathematik ist ebenso magisch wie die Numerologie des Mittelalters, und doch bedeutet beides nur das eine: das Erahnen einer kosmischen Verbundenheit der Schicksale mit den Zahlen.

Für den ganz alltäglichen Gebrauch können wir uns den schlichten Wahrheiten und Botschaften der Zahlen zuwenden. In diesem Buch wollen wir Sie in die Geschichte der Zahlen einführen und zeigen, was man neben der reinen Rechenoperation mit Zahlen anfangen kann. Von der Zahlenmystik des Mittelalters, die die seltsamen Verbindungen und Rhythmen der Natur, des Kosmos und des Menschen untersuchte, über die Zahlenmagie, die mit magischen Quadraten und numerologischen Beschwörungen das Schicksal bannen wollte, bis zur modernen Numerologie, die eher ein Mittel der Selbsterkenntnis ist und Wege aus Lebenskrisen und Problemlösungen aufzeigt. Finden Sie mit Hilfe dieses Buches den Zahlenrhythmus, der Ihr eigenes und einzigartiges Wesen ausdrückt. Sehen Sie sich im Spiegel ihrer Persönlichkeitszahl, so wie auch andere Sie wahrnehmen. Werfen Sie einen Blick auf Ihre ureigenste Lebensaufgabe, die die Schicksalszahl für Sie erhellt. Entziffern Sie Ihre Anlagen und den Weg, der zu Ihrer Erfüllung führt, aus Ihrer Namenszahl. Blicken Sie in Ihr verborgenes Ich und werden Sie sich versteckter Gefühle durch Ihre Herzzahl gewiss. Verbinden Sie die Numerologie mit der Astrologie und entdecken Sie Ihre ganz persönliche Verbindung mit dem kosmischen Rhythmus.

Zahlen können klären, erhellen und heilen. Wenn Sie sich darauf einlassen, können Sie vergnügliche Stunden mit anderen verleben, aber auch tiefe Einblicke in das eigene Wesen finden, eingefahrene Mechanismen entdecken und neue Wege für ein glückliches und erfülltes Leben finden.

ZAHLEN KÖNNEN ERZÄHLEN

Was allen geistigen Disziplinen gemein ist, die Menschen im Lauf der Jahrtausende entwickelt haben, ist der Versuch, Ordnung zu schaffen und Ordnung zu finden. Die Sehnsucht nach Ordnung war sogar eines der ersten und stärksten Merkmale der erwachenden Menschheit und den Grundbedürfnissen wie Nahrung, Schutz und Wärme ebenbürtig. Man begriff sich als Teil der Natur und lebte dementsprechend, man beobachtete und verglich die Äußerungen der Großen Urmutter ebenso wie die Veränderungen und die immer wiederkehrenden Konstellationen am Nachthimmel, den Zyklus der Sonne, den stetigen Wechsel von Befruchtung, Blüte, Reife und Verfall und natürlich den Zyklus des menschlichen Lebens. Eins mit der Natur zu werden war für die Menschen kein theoretischer Anspruch – vielmehr erkannten sie ihre Abhängigkeit von der Umwelt und reagierten in Einklang mit ihr. Sie versuchten nicht, selbst erdachte Prinzipien aufzustellen und sie der Natur (und sich selbst) aufzuzwingen, sondern sie ergründeten ihre Geheimnisse von Harmonie und Rhythmus, um danach besser und wirkungsvoller leben zu können.

In jeder Schöpfungsgeschichte der Menschheit entstand das bewusste Leben, der Mensch, aus dem Ur-Chaos, dem Prinzip der Zufälligkeit, und manifestierte sich, indem ein Gott die Ordnung brachte. Er gab den Dingen Namen und erschuf sie damit, denn namenlose Existenzen sind für uns nicht vorstellbar, also nicht real. Er brachte die Planeten in Bahnen und Positionen; dann erst wurden sie Teile des Ganzen und damit sinnvoll. Dieser Gott brachte auch die Zeit, eine abstrakte Größe, die man zwar benennen, aber nicht erfassen konnte. Doch sie schuf Ordnung, denn sie teilte. Unterteilungen sind ein Prinzip der Ordnung und so teilte man weiter auf, um Klarheit zu gewinnen: hell und dunkel, gut und böse, oben und unten, männlich und weiblich. Die Schöpfungsgeschichte ist also die Benennung und Beschreibung der Welt, ihrer

Zyklen und ihrer Harmonie. „Am Anfang war das Wort" meint den Plan, die Ein- und Unterteilung, denn erst damit wurden Existenzformen zur Realität.

Das gesprochene Wort war die erste Möglichkeit unserer Urahnen, Realität mitzuteilen, die zweite Stufe war dann das geschriebene. Aber Worte bildeten sich nicht aus Abstraktionen; sie waren anfangs „Ab-Bilder", Zeichen und Symbole, die der Form des zu beschreibenden Gegenstandes nahe kamen.

Die germanische „Zala" (Zahl) trägt in sich nicht nur die Bedeutung, Mengen zu unterscheiden, sie deutet auch auf die Sprache hin, man denke nur an das englische „to tell": sprechen, sagen. Auch das deutsche „er-zählen" macht das deutlich. Zahlen können sprechen. Die Wechselbeziehung von Wort und Nummer, Sinn- und Zahlwert ist nicht erstaunlich, wenn man bedenkt, dass die geschriebene Sprache und die Grundlagen der Mathematik gemeinsam entstanden sind. Die verschiedenen Disziplinen, die sich erst nach und nach entwickelten, bedienten und bedienen sich alle derselben Ursymbole – der Zahlen!

Die erste Beziehung des Menschen zur Zahl entstand über das Abzählen, das Vergleichen, das Bestimmen von Mengen, etwa um Nahrung gerecht aufzuteilen. Hilfsmittel waren die Finger der Hände, die jedes Kleinkind zu diesem Zweck verwendet, nachdem es damit essen, spielen und erforschen gelernt hat. Im Bild der Finger einer Hand drückt sich auch die Symbolik der Numerologie plastisch aus: Über das Praktische hinaus enthalten sie die Kraft der Abstraktion, man muss sie nur erkennen und mit ihr umgehen können. Vor dem Hintergrund des An-den-Fingern-Abzählens ist unser Dezimalsystem einleuchtend, und doch haben sich auch andere Zahlensysteme entwickelt, die ebenso logisch, ebenso wirkungsvoll sind und mit der gleichen Berechtigung wie die Zehner-Mathematik bestehen.

Am Anfang war das Zählen

Die Fähigkeit zu zählen war bei den Menschen der Frühgeschichte schlechter entwickelt als bei uns, aber wir können sicher sein, dass sie wussten, wie viel Stück Vieh und Bündel Getreide sie besaßen. Für uns heutzutage ist es sehr schwer zu begreifen, wie sie das taten. Aber aus einigen sprachlichen Überbleibseln können wir vielleicht eine Ahnung der ersten Zählweise bekommen, etwa wenn wir eine Entsprechung zwischen dem Wort für zwei und dem für Vogel (zwei Flügel) oder zwischen dem Wort für drei und dem für Kleeblatt (drei Blätter) finden. Mit diesen direkten Vergleichen entstanden die ersten „Zahl-Wörter" – und schon allein das zeigt, dass Zahlen immer mehr waren als schlichte Mathematik. Von Anfang an lebten sie.

Doch der Weg von den ersten Zahlwörtern zum Zählen oder gar zur Mathematik war noch ein weiter. Denn Zählen ist ein enormer theoretischer Aufwand, auch wenn uns das heute schwer verständlich erscheint. Die ersten Zeichen, mit denen man Summen abbildete, mussten nämlich gruppiert werden, und zwar in gleichen Größen, damit man sie weiter und immer weiter fortgruppieren konnte. Die ersten Versuche in dieser Richtung waren Knotenschnüre und Kerbhölzer (denken Sie nur an die Redewendung „etwas auf dem Kerbholz haben"). Doch abgesehen davon, dass solche „Rechnungen" einen enormen Platzaufwand bedeuteten, lief man etwa bei Kerbhölzern immer Gefahr, eine wichtige Rechnung aus Versehen zu verheizen. Das Kerbholz ist übrigens kein so primitives Zählverfahren, wie man annehmen möchte – es diente sogar in England noch bis ins 19. Jahrhundert der offiziellen Schatzamtsrechnung der Regierung und wurde erst 1826 durch ein Hauptbuch ersetzt. Ironischerweise fielen ausgerechnet dieser Modernisierung die beiden Häuser des Parlaments zum Opfer. Beim Verbrennen der Ulmenstäbchen, die sich über sieben Jahrhunderte angesammelt hatten, wurde der Ofen dermaßen überheizt, dass ein Brand ausbrach und das Parlament bis auf die Grundmauern abbrannte.

Doch dem Notieren musste erst die Rechenoperation vorangehen. Lange behalf man sich noch mit dem Fingerzählen, das über die Jahre enorm perfektioniert wurde. So hatte etwa der angelsächsische Theologe und Geschichtsschreiber Beda der Ehrwürdige im frühen Mittelalter ein System entwickelt, mit dem man eine Zahl bis zu einer Million (!) mit den Fingern abbilden konnte. Solche Fingersysteme waren in Europa bis ins 16. Jahrhundert gang und gäbe. Und wenn zu den flinken Fingern ein wacher Kopf kam, ließ sich gar rechnen. So multiplizieren die älteren Bauern in der französischen Auvergne heute noch mit den Fingern, nach einem System, das man auch anderswo auf der Welt wieder gefunden hat – in Neuguinea, Serbien, Syrien und Bessarabien. Für all diese Zählweisen und Rechenoperationen brauchte man jedoch noch kein ausgearbeitetes Zahlensystem, denn das Ergebnis konnte sich ja „sehen lassen" – entweder geknotet, in Holz geschnitten oder anhand der Finger.

Das „Geheimnis" des Zählens besteht darin, dass man ganze Zahlen in aufsteigender Reihe anordnet, sie benennt und schließlich zu Gruppen zusammenfasst. Um die Größe einer Gruppe zu erfassen, muss wiederum eine der Grundzahlen genügen (bei 654 etwa ist die Zehnergruppe 5, die Hundertergruppe 6). Eigentlich beginnt die Mathematik mit diesen Gruppen, denn sonst müsste man Milliarden von Zahlnamen erfinden. Und sie sich merken …

Ist es nun Zufall, welche Größe eine solche Gruppe hat? Und wie kommt sie zustande? Von Herodot stammt ein Bericht, wie eine solche Zählgruppe entstanden ist. Damals, im 5. Jahrhundert vor Christus, zählte man nicht nur Eier, Kühe oder Münzen, sondern auch Menschen, meist Soldaten und diese vorzugsweise vor bewaffneten Konflikten. Vor dem Einfall des Perserkönigs Xerxes in Griechenland wollte dieser die Größe seiner Heeres ermitteln. Herodot schreibt: „Eine Einheit von 10 000 Mann wurde an einen bestimmten Platz geführt und die Männer wurden angewiesen, sich so eng wie möglich zusammenzustellen. Um sie herum wurde dann ein Kreis gezogen und die Männer konnten wieder auseinander gehen. Dann errichtete man einen Zaun in halber Manneshöhe und das eingehegte Gelände wurde laufend mit neuen Truppen gefüllt, bis das ganze Heer auf diese Weise gezählt war." Eine solche Gruppe ist für Rechnungen des Alltags sicher unpraktisch, sie sollte wohl kleiner sein!

Unser Dezimalsytem muss keineswegs unbedingt das einzig richtige sein. Die Grundzahl darf nur nicht allzu groß sein. 10 ist „handlich", aber ebenso sind es 12 oder 18 und inzwischen weiß man ja auch, dass man prächtig nur mit 1 und 0 rechnen kann: Das binäre System, mit dem man alle Computer programmiert, ist nicht nur praktikabel, sondern schlichtweg genial. Der Philosoph Gottfried Wilhelm Leibniz erkannte darin sogar eine göttliche Symbolik. Er stellte sich vor, dass die 1 Gott darstellt und die 0 die Leere und dass das höchste Wesen alle anderen aus der Leere zog, ebenso wie 1 und 0 alle Zahlen des Zahlensystems ausdrücken. Und Leibniz war kein Numerologe.

Die höchste uns bekannte Grundzahl eines Zahlensystems hatten die Sumerer und Babylonier vor ungefähr 4000 Jahren. Sie verwendeten ein Sexagesimalsystem mit der Grundzahl 60. Und wenn ein Altbabylonier etwa 953 schrieb, bedeutete es nicht etwa Neunhundertdreiundfünfzig, sondern 32703. Denn jede Ziffer stellte eine Potenz von 60 dar – die letzte 60 hoch 0 (= 1, in unserem Beispiel also $3 \times 1 = 3$), die vorletzte 60 hoch 1 (= 60, in unserem Beispiel $5 \times 60 = 300$), die vorvorletzte 60 hoch 2 (= 3600, also $9 \times 3600 = 32400$) – zusammen ergibt sich also $3 + 300 + 32400 = 32703$. Nicht allzu leicht, aber durchaus funktionsfähig. Und dass die 60-Gliederung obendrein äußerst zweckmäßig ist, beweist, dass wir heute noch damit unsere Zeit messen.

Warum, glauben Sie, hat ausgerechnet hier das altbabylonische 60er-System überdauert? Man könnte die Zeit doch auch in Zehnerschritten messen, also den Tag in 10 Stunden unterteilen und die Stunde in 10 weitere Abschnitte. Kein Problem, es ist nur wichtig, wie lange die kürzeste Einheit dauert. Der Grund, warum das 60er-System bis heute überlebt hat, ist folgender: 60 ist durch 2, 3, 4, 5, 6, 10, 12, 15, 20 und 30 teilbar – man kann also Maße, Gewichte und andere Einheiten sehr vielseitig einteilen. Nur ist die 60 als Grundzahl zu groß, um damit im Alltag zu arbeiten. Deshalb wandte man sich der 12 zu. Sie hat eine angenehme Größe und ist durch 2, 3, 4 und 6 teilbar. Noch heute verkauft man hierzulande Eier im Dutzend (eine Erinnerung an das Duodezimalsystem) und die Konservenhersteller weigern sich weiterhin beharrlich auf das Dezimalsystem umzustellen. Aber nur aus dem Grund, weil sich ein Zwölferkarton mit 3 × 4 Dosen besser packen lässt als ein Zehnerkarton mit 2 × 5 Dosen. Ansonsten hat sich das Dezimalsystem eindeutig weltweit durchgesetzt, selbst in England bröckeln die letzten Bastionen. Dort war das Unterscheidungssystem für Werte und Maße aus der 4 entstanden, die für die Ordnung schlechthin steht, und hatte sich zum 16er-System entwickelt, das bis vor kurzem noch die gesamte englische Maß-, Münz- und Gewichtseinteilung beherrschte. Aber auch die folgenden Einheiten erinnern noch an den früher sehr geläufigen 16er-Rhythmus: 1 Pfund = 16 Unzen; 1 Unze = 16 Lot; 1 Rute = 16 Fuß; 1 Quarter = 64 Gallonen; 1 Escudo = 32 Reales de Vellon; 1 Mark = 16 Schillinge; 1 Mandel = 16 Stück usw.

Die Germanen unterteilten die Runen in 8er- bzw. 16er-Blöcke, das Jahr in 16 Male von 22 bis 24 Tagen und auch ihre Luren (Blasinstrumente der nordischen Bronzezeit) hatten 16 Töne. Das moderne Periodensystem der Chemie unterteilt die Elemente ebenfalls in 16 Gruppen – nicht willkürlich, sondern aus der Erkenntnis eines natürlichen Zyklus. Die Vergleichszahl für alle anderen Atomgewichte ist die des Sauerstoffs: nämlich 16. Auch in Indien spielte und spielt die 16 eine wichtige Rolle. Die indische Musik unterliegt bis heute dem 16er-Gesetz und bis vor kurzem noch unterteilte man eine Rupie in 16 Annas. Verse bestehen aus 16 Silbeneinheiten und die Schifffahrt unterscheidet (wie überall auf der Welt) 16 nautische Windrichtungen.

Nach den vorchristlichen Zahlenspielereien und später der gnostischen Symbolistik und Bibelauslegung wurde schließlich das Mittelalter zur Zeit des beziehungsreichen Zählens. Grundsteinlegung dafür war die Spätantike, in der die Römer den Verben „numerare" (zuteilen, zählen) und „computare" (zusammenrechnen, an den Fingern abzählen) unterschiedliche Bedeutungen zuwiesen. Das „Numerieren" blieb dem schlichten Bezahlen vorbehalten, während „computare" ein weites Feld bezeichnete – vom mathematischen Summieren über die soziale Einschätzung bis zur sittlichen Bewertung. Die Beziehung zwischen den reinen Zahlen und ihren Bedeutungen unter der Oberfläche wurde etwa von Julius Firmicus Maternus verdeutlicht, der 335 nach Christus ein Lehrbuch der Astrologie schrieb. Darin liest man: „Derselbe Geist, der aus dem Himmelsfeuer aufbrach und sich zur Leitung und Lenkung in das irdisch Gebrechliche einließ, überlieferte uns diese Wissenschaft, die computos. Er zeigte uns von Sonne, Mond und sonstigen Sternen, die wir Wandelsterne, die Griechen Planeten nennen, den Lauf und den Rückweg, die Häuser, die Konjunktionen, die Zuwächse, Aufgänge und Untergänge."

Die Zahl hatte ihre Seele bekommen – so wie in der Bibel das Wort am Anfang gestanden hatte und Seele war. Trotzdem verwiesen Zahlen den Andächtigen auf die Wunder von Gottes Schöpfung. Warum hatte Gott die Erde gerade in 6 Tagen erschaffen und hatte am 7. Tag geruht? Weil die Zahl dem Wunder der Schöpfung entspricht. So heißt es etwa bei Augustinus, der im 4. bis 5. Jahrhundert nach Christus lebte: „Nicht umsonst ist zu Gottes Lob gesagt: Alles hast Du nach Maß und Zahl und Gewicht geordnet." Und die 6 ist eben arithmetisch vollkommen, denn sie ist zusammengesetzt aus der Summe all ihrer Teile, aus dem Sechstel, dem Drittel und der Hälfte: $1 + 2 + 3$.

Im wichtigsten lateinischen Lehrbuch der Arithmetik schreibt Boethius 500 nach Christus: „Alles, was von der ursprünglichen Natur der Dinge zusammengefügt wurde, ist sichtlich nach vernünftigen Zahlen geformt. Das lag dem Schöpfer als anfängliches Muster im Sinn. Daher wurde die Vielfalt der vier Elemente entlehnt, daher der Wechsel der Zeiten, daher die Bewegung der Sterne und der Kreislauf des Himmels."

Warum sich ausgerechnet das Dezimalsystem durchgesetzt hat, ist nicht ganz klar ersichtlich, jedenfalls wenn man sich auf die Logik beruft. Nach der klassischen Zählweise, nämlich der mit den Fingern und Zehen, hätte die 5 oder die 20 ebenso gute Chancen gehabt. Nordamerikanische Indianer etwa bevorzugten die 20. Das gleiche galt für die Azteken, die sogar einen 20-Stunden-Tag hatten und ihre Heeresverbände in $20 \times 20 \times 20$, also 8000 Mann, einteilten. Die Maya unterteilten das Jahr in 18 Monate zu 20 Tagen (zuzüglich 5 Zusatztagen), die Engländer hatten für 20 den „score", die Menge, in der Gemüse verkauft wurde, und auch in Frankreich stößt man auf die Grundzahl 20, etwa in der Bezeichnung für 80: „quatre-vingt" (4×20). Das Dezimalsystem ist ein Zeichen für den Sieg der „Zivilisation", denn man bedeckte die Zehen und hielt das Rechnen damit für unfein. Es blieben ... die 10 Finger.

DIE MAGIE DER ZAHL

Zahlen waren von Anfang an nicht nur schlichte Hilfsmittel, sondern immer auch bedeutsame Symbole mit einer Meta-Botschaft. Am offensichtlichsten ist diese Sinn/Zahl-Kombination heute noch in der Kabbala zu erkennen, deren sich immer weiter entwickelndes (und nie zu beendendes) zahlenmystisches Gedankengebäude nur errichtet werden konnte, weil die hebräischen Buchstaben auch gleichzeitig Zahlzeichen sind. Etwa seit dem 12. Jahrhundert besteht diese mystische Wissenschaft unter dem Namen Kabbala, die sich von der sehr konkreten und minutiösen Auslegepraxis des Talmud abgewandt hatte, um einen unmittelbaren Zugang zu Gott zu finden. Die Kabbala trat mit dem Anspruch auf gleichermaßen göttlichen Ursprung neben das Gesetz der Thora und die im Talmud enthaltene Tradition. Ihre älteste Schrift ist das Buch Jezira („Die Schöpfung"); darin werden die Buchstaben als geheimnisvoll wirkende kosmogonische Kräfte gedeutet. Es soll im 6. Jahrhundert nach Christus in Babylonien entstanden sein. In Spanien und Deutschland erlebte die Kabbala ihre erste Blüte, um dann von Deutschland aus im 16. Jahrhundert nach Palästina zu gelangen. Das Hauptwerk der Kabbalisten ist der Sohar („Der Glanz"). Die

Im Hebräischen werden die Buchstaben und die Zahlen von 1 bis 22 durch dieselben Zeichen ausgedrückt

Die Magie der Zahl

Kabbala sucht mit Hilfe von Buchstabendeutung und Zahlenmystik in die Mysterien des Göttlichen vorzudringen und das zu entschleiern, was vor der Schöpfung war und über die sichtbare Welt hinausragt. Im Sohar heißt es:

„Als der Allerheilige daran war, Welten zu schaffen, da ließ er ein verborgenes Licht ausgehen – aus diesem entspringen all jene Lichter, die offenbar werden. Zunächst entfalten sich und schaffen sich aus jenem die übrigen Lichter – die bilden die obere Welt. Aber jenes höchste Licht breitete sich noch weiter aus und bildete eine Art von Licht, welches nicht leuchtet – dieses ist der Urgrund der unteren Welt. Und dieses nichtleuchtende Licht, wie es der Verbindung mit der oberen Welt bedarf, um zum Leuchten zu kommen, vermag dies nur durch Vermittlung der unteren Welt. Aus der Verbindung mit der oberen Welt aber gibt es Entstehung zahlreicher weiterer Wesensheere und Scharen, die den höheren dienstbar sind. Darum heißt es: Wie viel sind deine Werke, Herr, sie alle hast du in Weisheit gemacht, voll ist die Erde deines Eigens. Was auf der Erde ist, ist auch in der Hölle. Es ist kein noch so geringes Ding auf dieser Welt, das nicht abhängig wäre von einem Wesen, das darüber gesetzt ist. Und wird das untere Ding in Bewegung gebracht, dann auch jenes obere, das darüber gesetzt ist, denn alles ist wechselseitig miteinander verbunden und geeinigt."

Dieses Erkennen eines kosmischen Rhythmus, einer alles durchdringenden Einheit und Harmonie, deren Prinzipien von Einklang und Ausgewogenheit in fast allen Philosophien auftreten, konnte bei den Juden bis ins kleinste aller Bestandteile dieses Universums nachvollzogen werden – durch die Verbindung von Buchstabe und Zahl, denn jedes hebräische Wort stellt gleichzeitig eine Zahl dar und umgekehrt. Jede Zahl symbolisiert aber auch einen eigenen „Sinnwert" und damit lässt sich wiederum jedes Wort erforschen und hinter der offensichtlichen Bedeutung die tiefere finden.

Die Kabbala ist jedoch ein zu komplexes Gedankengebäude, als dass sie sich für schnell erlernbare und selbst zu deutende Orakel eignen würde. Doch die Verbindung Zahl – Sinn – Wort lässt sich in allen Kulturen nachweisen und stellt die Basis der Numerologie dar.

Die Magie der Zahlen ergriff schnell all jene, die sich mit ihnen befassten, nicht etwa als Magier, sondern als Forscher und Rechner. Pythagoras entwickelte im 6. Jahrhundert vor Christus die Idee der kosmischen Ordnung, die sich mathematisch niederschlägt. Er fand Beziehungen in der Musik- oder Klanglehre, in der Astronomie und in der Mathematik, die er schließlich auf den Gedanken einer ethischen und sozialen Ordnung übertrug. Zähleinheiten sind beliebig; eine vorhandene und unwandelbare Ordnung (= Naturgesetze) zu finden lässt dagegen die Idee aufkommen, der gesamte Kosmos gehorche festgelegten Gesetzmäßigkeiten, die er an jedes noch so kleine Teil von sich weitergibt. Oder, wie es die Alchimisten formulierten: „wie oben, so auch unten, wie unten, so auch oben" – der Mikrokosmos als Abbild des Kosmos, das Atom entspricht in Aussehen und Gesetzen der Galaxie.

Die Entdeckungen der Mathematik waren zu jener Zeit ebenso spannend wie nachvollziehbar, was sie heute meist nicht mehr sind. Zum Beispiel Pythagoras' Experimente über Tonschwingungen. Er entdeckte, dass die Intervalle der Tonleiter den Verhältnissen der Längen schwingender Saiten entsprechen und durch Zahlenverhältnisse ausgedrückt werden können, nämlich durch 1:2, 2:3 und 3:4, also durch natürliche Zahlen, deren zentrale Bedeutung die Pythagoreer immer wieder hervorhoben. Die Tatsache, dass nur die ersten vier Zahlen notwendig waren, um diese Proportionen auszudrücken, ließ den Glauben aufkommen, sie seien die Grundlage aller Zahlen. Dieser Glaube erhielt zusätzlich noch Gewicht durch die Tatsache, dass die ersten vier Zahlen in der Addition 10 ergeben (1 + 2 + 3 + 4 = 10) und nur die Zahlen von 1 bis 10 als bedeutungsvoll angesehen wurden. Andere hielt man mehr für Kombinationen dieser „Grundzahlen" und sah sie als untergeordnet an. Man fand auch heraus, dass die ersten vier Zahlen wesentlich für die Konstruktion mathematischer Figuren waren. 1 stand für den Punkt, 2 für die Linie, 3 für das Dreieck und 4 schließlich für die Pyramide. (Heute

Die Magie der Zahl

misst man übrigens Töne elektronisch nach der Anzahl ihrer Schwingungen pro Sekunde. Aber immer noch ist ein „A" mit 442 Schwingungen pro Sekunde eine Oktave höher ein „A" mit exakt 884 Schwingungen pro Sekunde – das Verhältnis ist also 1:2.)

Besondere Aufmerksamkeit schenkten die Pythagoreer den geraden und ungeraden Zahlen, die für sie nur als ein weiterer Beweis für eine allumfassende Klassifizierung nach dem Prinzip der Dualität galten. Dieses reicht vom binären Computer, der nur 0 oder 1 verarbeitet, daraus aber alles entwickeln und darstellen kann, bis zu den Anfängen der Menschheit zurück. Das chinesische Yin und Yang bezeichnet die Naturkräfte des Weiblichen und des Männlichen, das passive und das aktive Prinzip, dunkel und hell, Wasser und Feuer und entspricht den pythagoreischen geraden und ungeraden Zahlen. Die ungeraden wurden dem männlichen Prinzip zugeordnet, dem Licht und dem Guten. Das ist weniger frauenfeindlich zu verstehen als rein systematisch. Frauen können demnach nämlich ebenso viel „männliche Energie" haben wie Männer umgekehrt „weibliche Energie", aber das Bild des Zeugenden (aktiv) und der Gebärenden (passiv) war wohl einfach der plastischste Ausdruck des Gedankens. Ungerade Zahlen galten schon früh als „glücklich", ja göttlich, denn der 1 ist in allen Kulturen Gott zugeordnet. Im Islam gilt der Spruch: „Wahrlich, Gott ist eine ungerade Zahl (nämlich Einer) und liebt die ungerade Zahl." Deshalb werden auch die meisten rituellen Handlungen, magischen Verrichtungen und Gebete in ungerader Zahl (drei- oder siebenmal) wiederholt, um ihnen Kraft zu geben und „das Gute" anzusprechen.

Auch Plato sah in den Zahlen Schlüssel zum Mysterium der Natur. Er ordnete sie den „Ideen" zu, die er als ewige Urbilder alles Seienden verstand. Nachdem die Dinge der Wirklichkeit nur vollkommene Abbilder dieser Ideen waren, standen die Zahlen als Erinnerung an das tiefe Wesen der sie benennenden Realität. Von dieser Vorstellung, dass alle Dinge im Universum nach einem einheitlichen Plan miteinander verbunden sind, geht die Zahlenmagie aus und fügt die Annahme hinzu, dass dieser Plan numerisch angelegt ist und dass die verschiedenen Zahlen auch verschiedene Eigenschaften beinhalten.

Im Mittelalter erlebte die Zahlenallegorie ihre Blütezeit, aber gleichzeitig auch konkrete Anwendung: Keine Kathedrale wurde anders als auf zahlenmystischer Grundlage errechnet und erbaut. Und die Archi-

Das Deckengewölbe der Dekanskapelle in der Kathedrale von Canterbury zeigt den strengen gotischen Aufbau und die pythagoreische Zahlenreihe: 2 – 4 – 8 – Unendlichkeit

tekten dieser Zeit rechneten genau, aber nicht nach den Regeln der Statik, sondern nach denen der liturgischen Harmonie – und die haben wohl die Tragfähigkeit eingeschlossen.

Es scheint also fast, als ob der Mensch mit einer ihm innewohnenden Mathematik ausgestattet ist. Wie sonst ließe es sich auch erklären, dass jeder, der aufgefordert wird, ein „schönes" Rechteck zu zeichnen, automatisch eine Übersetzung des Goldenen Schnitts fabriziert (der Goldene Schnitt ist die Teilung einer Strecke in zwei Abschnitte, von denen sich der kleinere zum größeren verhält wie dieser zur ganzen Strecke). Existiert die kosmische Harmonie – die Gesetzmäßigkeit, nach der sich das Ganze ebenso verhält wie sein kleinster Teil – tatsächlich, dann können wir sicher sein, dass wir diese Formel in uns tragen, dass sie dafür verantwortlich ist, wenn wir etwas als schön, richtig und ausgewogen verstehen oder es „intuitiv" ablehnen.

„Alles ist durch geheime Knoten miteinander verknüpft", schrieb der Barockgelehrte Athanasius Kircher, der wie viele seiner Zeitgenossen von der Harmonie und Systematik der Zahlen fasziniert war. Damals erforschte man mit Vorliebe die „magischen Quadrate", Zahlenanordnungen in quadratischen Netzen, die immer die gleichen horizontalen, vertikalen und diagonalen Summen ergaben. Etwa:

4	9	2
3	5	7
8	1	6

Dieses Quadrat war auch in China schon etliche Zeit bekannt, wo es einer Überlieferung nach dem Kaiser Yü etwa 2000 vor Christus auf dem Rücken einer Schildkröte eingeritzt erschienen sein soll. Unmengen von magischen Quadraten wurden ersonnen und hauptsächlich für rituelle Handlungen verwendet, etwa zur Bannung oder Beschwörung von Dämonen. Auch Albrecht Dürer hielt es mit den magischen Quadraten.

Das hier abgebildete mit der Summe 34, ein sogenanntes Jupiterquadrat, ist auf seinem Bild „Melancholia" aus dem Jahr 1514 zu sehen. Dieses Jahr war zugleich das Todesjahr seiner Mutter und wir finden es in dem Quadrat ebenfalls untergebracht.

16	3	2	13
5	10	11	8
9	6	7	12
4	15	14	1

Wenn man solche Zahlenquadrate zum richtigen Zeitpunkt in das passende Metall gravierte, erhielt man machtvolle Amulette, die ebenso schützen wie heilen konnten. Das folgende Zahlenquadrat ist Ihnen sicher geläufig:

1	2	3
4	5	6
7	8	9

Es ist das magische Quadrat der Telekom und steht für die Ziffernverteilung auf Tastentelefonen. Alle Reihen, die durch den Mittelpunkt gehen, schaffen zwar die Summe 15 – aber eben nur das. Die Zahlenmystiker des Mittelalters hätten ob solch mittelmäßiger und unharmonischer Verteilung nur die Köpfe geschüttelt.

Besondere Kraft wurde einem magischen Buchstabenquadrat zugesprochen, besonders dann, wenn es gleichzeitig ein Palindrom bildete – einen Satz (oder ein Wort), den (das) man sowohl vorwärts als auch rückwärts lesen kann. Das SATOR-Quadrat ist das perfekteste, denn es bleibt immer gleich, wie man es auch liest:

Die Magie der Zahl

```
S A T O R
A R E P O
T E N E T
O P E R A
R O T A S
```

Dieses Quadrat war eine im Mittelalter als sehr nützlich befundene Formel, um Hexen zu entdecken, da sie nicht in einem Raum zusammen mit dieser Formel bleiben konnten – der bekannte „Knoblauch-Vampir"-Effekt.

Das folgende Quadrat sollte die Fähigkeit verleihen, in Gestalt einer Krähe durch die Lüfte zu fliegen:

```
R O L O R
O B U F O
L U A U L
O F U B O
R O L O R
```

Die eigenen Zahlen finden

Nun wollen wir uns endlich dem praktischen Nutzen der Numerologie zuwenden. Dazu müssen Sie die *Quersumme* einer Zahl oder einer Zahlenreihe bilden können. Nehmen wir beispielsweise die Zahl 5478. Um die Quersumme zu ermitteln, müssen Sie die einzelnen Ziffern addieren: 5 + 4 + 7 + 8. Als Ergebnis erhalten Sie 24. Für gewöhnlich bildet man die Quersumme so lange, bis eine einstellige Zahl übrig bleibt. Also: 2 + 4 = 6. 6 ist die Quersumme von 5478.

Die Verbindung von Buchstabe und Zahl wurde in allen Kulturen, bei denen diese Zeichen nicht ohnehin schon zusammenfielen, durch besondere Umrechnungstabellen hergestellt. Dafür stehen verwirrenderweise mehrere Tabellen zur Verfügung. Etwa die pythagoreische, die das Alphabet jeweils von 1 bis 9 durchzählt – was jedoch den deutlichen Nachteil hat, dass etwa die Buchstaben „i" und „r" keine Auswirkung auf das Ergebnis haben. Denn sie fallen der 9 zu, und in einer Quersumme ändert eine 9 nichts. Geht man bei der Berechnung des Zahlenwertes eines Namens nach dieser Methode, dann ist es z. B. egal, ob ich „Obet Gesbeck" oder „Robert Griesbeck" heiße. Das wage ich aber zu bezweifeln.

Es gibt auch moderne Umrechnungstechniken wie etwa die Unit-Tabelle, die aus verschiedenen numerologischen Systemen entstanden ist, und außerdem quasi die Urtabelle, die auf den Übereinstimmungen zwischen unserem und dem hebräischen Alphabet basiert. Mit diesem numerologischen System werden wir arbeiten. Die Ziffer 9 taucht darin nicht auf, denn der hebräische Buchstabe, der dafür steht, existiert in unserem Alphabet nicht. Umlaute werden aufgelöst, also:

$$\text{Ä} = A + E$$
$$\text{Ö} = O + E$$
$$\text{Ü} = U + E$$

Die eigenen Zahlen finden

1	2	3	4	5	6	7	8
A	B	C	D	E	U	O	F
I	K	G	M	H	V	Z	P
Q	L	R	T	N	W		
J		S		X			
Y							

So ermitteln Sie Ihre Namenszahl

Um nun Ihren Namen numerologisch zu untersuchen, müssen Sie seine Buchstaben nur als Zahlen schreiben. Als Beispiel:

```
P E T R A     M U S T E R M A N N
8 5 4 3 1     4 6 3 4 5 3 4 1 5 5
```

Um die Namenszahl zu erhalten, ziehen Sie nun die Quersumme – also 61. Daraus ergibt sich wiederum die Quersumme 7 (6 + 1 = 7). Diese Ziffer steht für Charakter und Bestimmung, für die Gesamtheit Ihrer Anlagen und für die Richtung, in der Sie zu Erfüllung gelangen können.

Verwenden Sie für die Berechnung Ihren Rufnamen, den Sie tatsächlich benutzen, auch wenn er von der Eintragung im Pass abweicht. Frauen, die einen „fremden" Nachnamen innerlich (noch) nicht angenommen haben, verwenden eben den Mädchennamen. Doppelnamen werden grundsätzlich komplett in Zahlen übersetzt.

Sie können noch zwei weitere Zahlen aus Ihrem Namen ziehen, die die Informationen über Sie ergänzen.

So ermitteln Sie Ihre Herzzahl

Das ist zum einen die Herzzahl, auch Kernzahl genannt, die sich aus der Summe aller Vokale bildet. In unserem Beispiel:

```
P E T R A     M U S T E R M A N N
  5     1       6     5       1       = 18
```

Die Quersumme (18 = 1 + 8 = 9) ist also 9. Diese Herzzahl steht für Ihr Inneres, für das verborgene Ich, für Ihre Gefühle und dafür, wie Sie selbst sich sehen.

So ermitteln Sie Ihre Persönlichkeitszahl

Die dritte Ableitung aus dem Namen, die Persönlichkeitszahl, zieht man aus der Summe aller Konsonanten:

```
P E T R A    M U S T E R M A N N
8   4 3      4   3 4   3 4   5 5   = 43
```

Die Quersumme ist also 7 (43 = 4 + 3 = 7). Diese Zahl steht für Ihr Äußeres, für Ihre Selbstdarstellung und Aktivitäten – dafür, wie andere Sie sehen.

Das numerologische Gesamtbild der Petra Mustermann stellt sich also wie folgt dar: Namenszahl 7, Herzzahl 9, Persönlichkeitszahl 7. Die jeweilige Bedeutung dieser Zahlen können Sie ab Seite 28 nachlesen. Was die Herzzahl in Sachen Partnerschaft zu sagen hat, wird ab Seite 79 ausführlich erläutert. Nicht zuletzt können Sie noch Ihre Schicksalszahl mit Ihrem Sternzeichen kombinieren. Was dabei herauskommt, erfahren Sie ab Seite 119.

So ermitteln Sie Ihre Schicksalszahl

Für die Errechnung der Schicksalszahl benötigen Sie nicht Ihren Namen, sondern Ihr Geburtsdatum. Ziehen Sie einfach die Quersumme aus Ihrem kompletten Geburtsdatum, also zum Beispiel: 13. 5. 1955 = 1 + 3 + 5 + 1 + 9 + 5 + 5 = 29 = 2 + 9 = 11 = 2.

Diese Quersumme führt Sie zur Schicksalszahl (auch Lektionszahl genannt), aus der Sie den Weg und die Aufgaben in Ihrem Leben ersehen können. Die Erklärung hierzu lesen Sie bitte ebenfalls im folgenden Kapitel nach (ab Seite 28). Die Schicksalszahl in Verbindung mit der Namenszahl spielt auch eine Rolle, wenn man herausfinden will, ob sich ein bestimmter Tag gut für eine Untersuchung eignet (siehe Seite 64).

Das Kreuz der Ebenen

Sie können aus Ihrem Geburtsdatum noch etwas anderes ersehen, nämlich ob bei Ihnen eher das Geistige, die Gefühlswelt oder das Körperliche von Bedeutung ist. Dazu müssen Sie das Geburtsdatum mit dem „Kreuz der Ebenen" vergleichen. Das sieht so aus:

Geistesebene:	3	6	9
Gefühlsebene:	2	5	8
Körperebene:	1	4	7

Erkunden Sie, auf welcher Ebene sich Ihre Geburtszahlen befinden. Um bei unserem Beispiel zu bleiben, dem 13. 5. 1955: Hier haben wir zweimal die 1, einmal die 3, dreimal die 5 und einmal die 9. Auf das „Kreuz der Ebenen" übertragen, sieht das dann so aus:

Geistesebene:	3		9
Gefühlsebene:		555	
Körperebene:	11		

Sie sehen hier also, wie stark die verschiedenen Ebenen Ihrer Persönlichkeit besetzt sind: Die Geistesebene ist doppelt besetzt (einmal die 3 und einmal die 9), die Gefühlsebene dreifach (dreimal die 5!) und die Körperebene zweifach (zweimal die 1). Die Gefühlsebene ist also am stärksten ausgeprägt. Geistes- und Körperebene halten sich die Waage.

DIE BEDEUTUNGEN
DER ZAHLEN 1 BIS 9

Eins

„Eins, wer weiß es?
Eins, ich weiß es!
Eins ist unser Gott im Himmel und auf Erden."
Aus dem jüdischen Omer-Gebet

1 Die 1 steht nicht unten am Anfang der Zahlenreihe, wie es Mathematiker ausdrücken würden, sondern in unserem Empfinden ganz hoch oben an der Spitze des endlosen Zahlenreigens. Die 1 steht für „Einheit" ebenso wie für „Einzigartigkeit". Sie nimmt den ersten Platz in der unendlichen Reihe ganzer und natürlicher Zahlen ein und war – jedenfalls im Weltbild der alten Mathematik – der Grundbaustein aller in Zahlen ausdrückbaren Zusammenhänge. Natürlich ist diese Vorstellung schon lange erschüttert, spätestens seit der Entdeckung von Hippasos, der bewies, dass die Beziehung einer Seite zur Diagonale eines Rechtecks nicht durch ganze Zahlen ausgedrückt werden kann. Aber dies ist kein Algebrabuch, und irrationale und unendliche Zahlen brauchen uns hier nicht zu beschäftigen, denn wir spüren den Wurzeln von Zahlworten nach, die bei ihrer Entstehung gleichzeitig für Menge und Sinn standen und dies immer noch tun.

Die 1 ist hier tatsächlich der einzigartige Baustein, aus dem alles entstehen kann, der aber gleichzeitig nichts teilt, denn zum Beispiel ist 12:1 immer noch 12. Sie ist die einzige Zahl, die sich nicht verändert, weder wenn man sie durch sich dividiert, noch wenn man sie mit sich selbst multipliziert. So wurde die 1 zum Symbol des Göttlichen, des Anfangs und der Einheit. Die einfachste Form, Mengen zu definieren, ist „eins" und „viele". Plotin, der Begründer der Neuplatonischen Schule, sagte dazu: „Jede Vielheit ist eine Vielheit von Einheiten, setzt also die Einheit an sich voraus." Und aus diesen „Einheiten" setzt sich der gesamte Kosmos zusammen, das mineralische, pflanzliche, tierische und menschliche Dasein. „Alles und jeder ist ein Abbild Gottes", so lautet der religiöse Ansatz, und: „alles besteht aus kleinsten und nicht mehr teilbaren Teilchen" – so der naturwissenschaftliche. Beide ringen zwar um Unterschiede in der Formulierung, der Sinn bleibt jedoch der gleiche: Es gibt eine Einheit, die die Vielheit hervorbringt.

Indem die 1 für Gott steht, symbolisiert sie auch „Einzigartigkeit". Die Nummer 1 in der Schule, beim Sport, in der Politik kann zwar immer wechseln, aber in dem Moment, in dem sie an der Spitze steht, ist sie nicht so gut, weil sie die Nummer 1 ist – sie ist die Nummer 1 geworden, weil sie eine einzigartige Leistung geboten hat. In der Politik ist dieses Prinzip zwar äußerst fadenscheinig geworden, aber im Sport (vorzugsweise beim Schwergewichtsboxen) heißt es immer noch zu Recht: „the one and only!"

Geometrisch dargestellt ist die 1 ein Punkt und damit ungreifbar. Punkte haben keine Länge, Breite und Höhe, keine Unter- oder Oberseite, ja nicht einmal eine Farbe, sondern nur eine Position, und auch die ist sehr abstrakt, denn sie stellt sich nur durch den Schnittpunkt dreier Linien in einem räumlichen Koordinatensystem dar. Man kann nicht einmal sagen, Punkte wären rund, denn streng genommen haben sie überhaupt keine Ausdehnung. Fast ein Wunder also, dass dieser Zahl Größe zugeordnet wird, was früher mit grundsätzlichen Attributen zusammenfiel. Aber vor zu viel Größe kapitulierte schließlich auch der Chauvinismus und gestand der 1 ein Zwittergeschlecht zu – sie war ebenso männlich wie weiblich, denn Gott durfte man ja schließlich auch kein Geschlecht zuweisen.

In der Kabbala wird der 1 eine mysteriöse Rolle zugewiesen: „En Sof", das ist der Urgrund, aber auch das Verborgene und Unfassliche. Kein Mensch kann dieses Wesen je erfassen, denn es ist ohne Anfang und unerschaffen. Es ist „die Wurzel aller Wurzeln".

Die Bedeutungen der Zahlen 1 bis 9

Carl Gustav Jung nennt die 1 „als erstes Zahlwort eine Einheit. Sie ist aber auch das Eine, das All-Eine, Einzige und Zeitlose – kein Zahlwort, sondern eine philosophische Idee oder ein Archetypus und Gottesattribut."

Die erste germanische Rune (Is, ein gerader aufrechter Strich) stand gleichzeitig für Vater (ist gleich Gott) und für das Ego, für den Menschen als individuelle Person und unverwechselbare Einheit unter vielen „Ähnlichen". Im ersten Haus der Astrologie geht es ebenfalls um das Thema „Ich bin"; es versteht sich als Spiegel der eigenen Persönlichkeit.

Kurzcharakteristik: Die 1 steht für die Kraft, aber nicht für das, was man damit anfängt. Jede Kraft, speziell eine extreme Fähigkeit, lässt sich für und gegen einen selbst einsetzen – auch für und gegen andere. Die 1 deutet auf starken Willen, Verstandeskraft, Beherrschung ebenso wie auf Triebkraft und das unbezwingbare Bestreben, unabhängig zu sein. Auf jeden Fall versteht sich der „Einser" als Einzelmensch (oft auch als Einzelgänger), der zu großen Erfolgen fähig ist. Er kann nur schwer tiefe Beziehungen zu anderen aufbauen und erachtet Freundschaften als angenehm, aber nicht gerade lebensnotwendig.
Namenszahl: Typ Herrscher, Eigenschaften: Pioniergeist, Stärke, Entschlossenheit, Unabhängigkeit
Persönlichkeitszahl: Sie sind willensstark, originell, mutig, unabhängig, kämpferisch und extrovertiert.
Herzzahl: Sie können andere nach eigenen Ideen lenken und leiten.
Schicksalszahl: Lernen Sie, für sich selbst einzustehen und stark und unabhängig zu sein.
Planet: Sonne
Tag: Sonntag
Geschlecht: männlich
Richtung: Osten
Farbe: Gold
Edelstein: Rubin

Zwei

„Als das Licht sich hat entzweiet,
stieg, was leicht, und sank, was schwer,
und das eine war gezweiet,
zwischen Gott und Luzifer."
Clemens Brentano

2 Mit der 2 fängt eigentlich alles erst an, denn wäre es bei der 1 geblieben, wäre auch jede Veränderung (ob positiv oder negativ) ausgeschlossen. Die paradiesischen Zustände endeten allerdings nicht, als Adam die Eva „zugeteilt" wurde – Gott erschuf den Menschen, und diese Polarisierung genügte vollauf, um für Wirbel im würdevollen Stillstand des Paradieses zu sorgen. Die 2 bringt Trennung und Unterschied, man teilt ein in männlich und weiblich, in gut und böse, hell und dunkel, Tag und Nacht, ja und nein, tot und lebendig, und jede Maschine, vom Rasenmäher bis zum Großcomputer, kennt nur zwei wesentliche Zustände – nämlich ob der Hauptschalter auf „ein" oder „aus" steht. Dualität, Zweiseitigkeit, bestimmt auch das menschliche Leben, und dazu braucht man oft nicht einmal den anderen: „Zwei Seelen wohnen, ach, in meiner Brust." Aber zu zweit wird die Dualität natürlich plastischer. Man kann die Zweisamkeit suchen oder sich ent„zweien". Zwietracht, Zweifel, Zwist und Zwiespalt setzen eines voraus – die 2.

„*Ich* und *Du* zu erkennen kann ebenso verbinden wie trennen", aber eines kann es mit Sicherheit: Klarheit schaffen. Erst mit der 2 ist eine Vergleichsgröße ins Leben getreten, an der man sich, andere und alles Erfassbare messen kann. Außerdem ist sie natürlich die Zahl der Vereinigung: Aus 2 mach 1. Man hat getrennt, um Neues entstehen und wachsen zu lassen. 2 ist die Vereinigung des männlichen und weiblichen Prinzips, ebenso wie auch in der Alchimie die 2 das Koagulieren bezeichnet. „Solve et coagula", löse auf und lass wieder gerinnen (oder feste Gestalt annehmen), trennen und wieder verbinden – das ist das Prinzip der 2.

Die Bedeutungen der Zahlen 1 bis 9

Diese Zahl ist also schöpferisch und – wie alle geraden Zahlen – weiblich. Gerade Zahlen tragen das Prinzip des „Sich-Teilens" und „Sich-Fortpflanzens" in sich, sind ausgewogen und somit im Gleichgewicht. Aber es führt noch ein anderer Weg zur Klassifizierung von gerade/weiblich und ungerade/männlich. Schreibt man Zahlen als Punkte (etwa auf einem Spielwürfel), so haben die ungeraden immer einen Mittelpunkt, während die geraden ihre Punkte um einen nicht gesetzten Mittelpunkt verteilen.

Es ist also das Prinzip der beiden hervorstechendsten Geschlechtsmerkmale: Penis und Vagina; die weibliche Zahl drückt immer die Öffnung aus, die männliche Zahl das Zentrum, die Durchdringung. Die 2 ist aber nicht nur weiblich, sondern die erste weibliche Zahl überhaupt. Das verstärkt ihre Wichtigkeit, drückt ihre Eigenschaften aber gleichzeitig pur und als Extreme aus und wie so oft jenseits des Mittelmaßes: groß, aber gefährlich, zweischneidig. Das chinesische Yin-und-Yang-Zeichen, die ineinander fließende Kraft von Männlichem und Weiblichem, illustriert dieses Prinzip. Der Schatten legt sich schnell über das Licht, aber woraus entsteht er? Aus dem Licht, das ihn wirft und durch seine Anwesenheit erst erschafft. Das Sich-gegenseitig-Bedingen wird hier klar, ebenso dass das eine ohne das andere nicht existieren kann. Dieser Umstand findet sich auch im Sprachgebrauch. Manche Dinge sind nur in der Zweisamkeit nützlich oder überhaupt vorstellbar: die beiden Gläser einer Brille, ein paar Schuhe oder die beiden Räder eines Fahrrads. In der Mathematik ist 1 + 1 = 2. Das Prinzip der Einzigartigkeit wird also aufgehoben, denn wo die 1 mehr als einmal existiert, ist sie nicht mehr unikal, sondern universell. Die 2 ist die einzige gerade Primzahl (nur durch sich selbst oder 1 teil-

Yin-Yang-Symbol

bar) – wohlgemerkt: wir sprechen hier nur von ganzen und natürlichen Zahlen.

Die zweite germanische Rune Ur trägt die Botschaft in sich: Zwei Teile sind als Einzelelemente sichtbar, aber sie berühren sich, und die Verbindung schafft ein Dach und damit Schutz und Sicherheit.

Kurzcharakteristik: Die 2 ist eine Zahl mit weiblicher Energie. Sie steht für Ausgewogenheit, Harmonie und Mäßigung, aber auch für Passivität und Nachgiebigkeit im Sinn von mangelnder Standfestigkeit. Bei „Zweiern" kann man auf jeden Fall mit der Vorherrschaft der Emotionen rechnen, mit Großherzigkeit, Einsatz und Gefühl für andere. Sie nehmen Freundschaften wichtig und dabei reicht es ihnen nicht, sie „nur" zu haben, sondern sie wollen sie auch pflegen. Aber wie bei allen großen Zahlen bringt starke und einseitige Energie auch Probleme und Schwächen mit sich. Der Mangel an Entschlossenheit und die oft übertriebene Begeisterung für jede fremde Idee können diese Menschen zu Spielbällen der verschiedensten Einflüsse machen. Wenn sie schon unterwegs sind, dann meist nicht aus eigenem Antrieb.
Namenszahl: Typ Diplomat, Eigenschaften: Sensibilität, Harmoniebestreben, Verhandlungsgeschick
Persönlichkeitszahl: Sie sind sensibel, mitfühlend, kooperativ, diplomatisch und introvertiert.
Herzzahl: Sie können mit anderen zusammenarbeiten und den Menschen Freude bereiten.
Schicksalszahl: Lernen Sie Zusammenarbeit, Teamgeist und Diplomatie und seien Sie nicht zu empfindlich.
Planet: Mond
Tag: Montag
Geschlecht: weiblich
Richtung: Südwesten
Farbe: Weiß
Edelstein: Perle

Drei

„Du! droben ewig Unveraltete,
Dreinamig-Dreigestaltete,
Dich ruf ich an bei meines Volkes Weh,
Diana, Luna, Hekate!"
Johann Wolfgang von Goethe, Faust II

3 Nicht erst im christlichen Glauben entstand der Gedanke von der heiligen Dreifaltigkeit – Götter, besonders Göttinnen, wurden schon immer gerne in triadischer Gestalt dargestellt. Die griechische Mondgöttin wird als „dreigesichtige Selene" angerufen, weil man die drei Mondphasen als ihre drei Gesichter gesehen hat (zunehmend, Vollmond und abnehmend; der Neumond ging nicht als Gesicht durch).

„Die Zahl 3 ist die erste zusammengesetzte Zahl, die heilige Zahl, die Zahl der Vollkommenheit, die mächtigste Zahl, denn drei Personen sind in Gott, drei sind der theologischen Tugenden in der Religion." So schreibt Agrippa von Nettesheim, und es wird schnell klar, warum diese Zahl noch heute als magisch und groß verstanden wird. Sie ist die Trinität, die Einheit von Gottvater, Sohn und Heiligem Geist, die Vorstellung der Unendlichkeit, die sich immer wieder (und immer neu) teilen lässt in Vergangenheit, Gegenwart und Zukunft. Aber auch die sicht- und greifbare Materie dreiteilte man in fest, flüssig und gasförmig. 3 ist die erste Zahl, die, wie Pythagoras es

Die heilige Trinität wurde auch durch drei Hasen dargestellt, die mit ihren Ohren ein gleichwinkliges Dreieck bilden – wie hier auf einem Fenster im Dom von Paderborn

bezeichnete, Anfang, Mitte und Ende hat, und die einzige, die jeweils nur eines dieser Glieder besitzt. Warum sind aller guten Dinge drei? Sie sind nicht unbedingt „gut", sondern menschlich (so versteht sich dieser Spruch: gut hieß dem Menschen gemäß), denn die 3 führte das Prinzip der Menschlichkeit ein, indem sie über den Gott (1) und das Paar (2) die Gemeinschaft aller setzte – und 3 wird einfach „mehrere". Man legt sich da nicht mehr auf klare Beziehungen fest wie Ehefrau/Ehemann, Vater/Sohn oder Bauer/Knecht, sondern sieht nur noch die gleichwertigen Mitglieder der Familie Mensch. Das macht diese Zahl so stark und gleichzeitig stabil. 3 steht auch für Stabilität, und wer sich je auf einen dreibeinigen Stuhl gesetzt hat, weiß warum.

Dreiecke sind die wichtigsten geometrischen Figuren und Bausteine, aus denen sich jede vorstellbare gerade Figur zusammensetzen lässt. Die Winkelsumme des Dreiecks ist immer 180°, und diese Zahl trägt die 3 sichtbar in sich ($3 + 3 = 6$; $6 \times 3 = 18$). Als gleichseitiges Dreieck ist es so vollkommen, dass man es als Symbol Gottes verwendet – aber noch ein Auge hinzufügte, denn der Klerus wollte seinen Schäfchen mitteilen, dass Gott nicht nur ist, sondern auch alles andauernd beobachtet. Und ausgerechnet wegen dieses Dreiecks kommt die ansonsten so klare Unterteilung in männliche und weibliche Zahlen ins Schleudern: Obwohl die 3 als ungerade automatisch männlich wäre, ist das „Delta der Venus", das Schamdreieck, ein überzeugendes Gegenargument. Man kann die 3 allerdings auf zwei Weisen punktieren, nämlich Phallus (:) oder Schoß (.˙.). Wer will sich da festlegen?! So kann man sich vielleicht darauf beschränken, der 3 ihre ursprüngliche mystische Bedeutung zu erhalten, denn sie schert sich nicht um männlich oder weiblich – und stark genug ist diese Zahl allemal, um sich aus dem Geschlechterkampf herauszuhalten.

Schöpferische Kraft zeichnet die 3 aus: Ohne den Dreiklang wäre die Musik eine armselige Disziplin, und um sich als Mensch zu erkennen und auszudrücken, bedarf es ebenfalls einer „Dreiheit", nämlich der von Seele, Geist und Wille. Auswirken kann sich das dann in Gedanken, Worten und Taten.

Die 3 ist eine glückliche und erfüllte Zahl, und der kleine Einschlag von Extravaganz und Mystik macht sie nur noch stärker. Schließlich sind auch Dreiecksverhältnisse höchstens anstrengender und aufregender, nicht aber schlechter als „normale". Sie können manchmal das Sprichwort bekräftigen, dass der Dritte sich freut, wenn zwei sich streiten. 3 ist die Synthese ebenso wie das planlose und lustvolle Auseinanderlaufen von Kindern. 3 ist das Leben.

Kurzcharakteristik: Vielseitigkeit ist auf jeden Fall das Thema dieser Zahl. „Dreier" betrachten diese Welt mit einer meist schwer zu enttäuschenden positiven Grundeinstellung und sehen in Hindernissen und Barrieren hauptsächlich interessante Möglichkeiten, um ihre Kreativität auszuleben und extravagante Lösungen zu finden. 3 ist eine fröhliche Zahl. Sie symbolisiert die Bestimmung des Menschen zu feiern, zu tanzen und zu lieben und nicht etwa zu leiden, zu dulden und Angst zu haben. Dieses verhängnisvolle Missverständnis aus der Bibel wird von dieser Zahl korrigiert – das wahre Geschenk der Heiligen Drei Könige waren Klarheit, Glück und Liebe.
Namenszahl: Typ Redner, Eigenschaften: Selbstbewusstsein, Überzeugungsgabe, klarer Geist
Persönlichkeitszahl: Sie sind optimistisch, unterhaltsam, freundlich, unbeschwert und extrovertiert.
Herzzahl: Sie können andere mit Kreativität und Optimismus mitreißen.
Schicksalszahl: Lernen Sie auf die Menschen zuzugehen und mit ihnen zu reden, vertrauen Sie Ihrer Kreativität.
Planet: Jupiter
Tag: Donnerstag
Geschlecht: männlich
Richtung: Nordosten
Farbe: Gelb
Edelstein: Topas

Vier

*"Vier Elemente
innig gesellt,
bilden das Leben,
bauen die Welt."*
Friedrich von Schiller

4 Die 4 ist die Zahl der Unterscheidung. Sie gibt Richtungen an, scheidet Zustände und Jahreszeiten. Das einfache System der Trennung nach ja und nein, hell und dunkel, lebendig und tot, gut und böse lässt sich als 1 und 0 schreiben, alles, was ein Computer je auf die Reihe bringen wird. Aber erst die 4 analysiert, gliedert und ordnet die Welt und die Sprache. Die Gliederung ist nicht willkürlich entstanden, sondern aus aufmerksamer Naturbeobachtung. Der Mond zeigt sich in 4 Phasen. Er nimmt zu, erscheint als volle Scheibe, nimmt als Sichel wieder ab und schrumpft zum Neumond zusammen, bevor er wieder zum Vollmond wachsen kann. Die Richtungen auf einer Ebene hat man nach dem Menschen, der sie anzeigen kann, unterteilt: Er kann mit den Armen links und rechts anzeigen, blickt nach vorne und weiß, dass etwas hinter ihm liegt. Hätte man die Richtungen in 3, 5 oder 7 unterteilt, hätte der Mensch als genaues Anzeigeinstrument versagt. Diesem Viererprinzip folgten viele Unterscheidungen, die sich zwanglos ergaben, die man also nicht in ein Schema pressen musste, um die 4 zu rechtfertigen. Man unterschied die 4 Grundelemente Feuer, Wasser, Luft und Erde, die 4 Jahreszeiten, die 4 Temperamente (cholerisch, sanguinisch, phlegmatisch und melancholisch), die 4 Geschmacksrichtungen (salzig, süß, sauer und bitter) und baute das Vierersystem schließlich zur Perfektion aus. Jeder Lebensbereich ließ sich als Quartett darstellen: Leib, Seele, Geist und Wille; Freiheit, Reinheit, Wahrheit, Einheit; fest, flüssig, gasförmig und (folgerichtig, als früh geahntes Kind der Chemie) „Plasma"; Punkt, Linie, Fläche und Raum. Dazu schrieb Agrippa von Nettesheim: „Die

Die Bedeutungen der Zahlen 1 bis 9

Mit Hilfe dieses Mandalas können Sie über die Zahl 4 meditieren

Zahl 4 nennen die Pythagoreer Tetractys und stellen sie, was ihre Kräfte anbelangt, allen Zahlen voran, indem sie die Grundlage und Wurzel aller übrigen Zahlen ist, weshalb auch alle Grundlagen sowohl bei künstlichen wie auch bei natürlichen und göttlichen Dingen Quadrate sind."

Die Ordnung, die die 4 gebracht hat, stellt sich zwangsläufig gegen die fröhliche und ziellose Mentalität des „Menschseins" der 3, sie fügt ihr wieder die göttliche 1 hinzu, das Gesetz, und fesselt damit ihr ekstatisches

Ausleben – oder anders gesagt, sie kanalisiert es, um wahre Erkenntnis zu erlangen. Dass die 4 weiblich ist, offenbart schon die starke Beziehung zum Mond, einem schon immer der Frau zugerechneten Planeten, der außerdem den Zyklus der weiblichen Fruchtbarkeit anzeigt.

In der Mathematik hat sich seit Pythagoras viel geändert – Erkenntnisse über das Quadrat sind keine neuen hinzugekommen. Es gilt (neben dem gleichseitigen Dreieck) noch immer als die ausgewogenste Form, wie das Tetragon vor 2000 Jahren, Sinnbild fest gegründeter Vollkommenheit. Man zählte das Rechteck damals dem Element Erde zu, wahrscheinlich auch deshalb, weil die früheren Weltbilder von einer „flachen" Erde sprachen, nicht unbedingt von einer Scheibe, sondern meist von einem Rechteck, das durch die 4 Himmelsrichtungen oder Winde bestimmt war. Die Chinesen sahen die Erde lange Zeit als Quadrat und bildeten sie im Kleinen ab.

In Mystik und Religion kommt keine Kultur ohne die heilige 4 aus. In der Kabbala teilt sich das Universum in 4 Bereiche (Aziluth, Beriah, Jezira und Asiya), durch das Paradies fließen 4 Ströme, die Bibel kennt 4 Propheten und 4 Evangelien, Buddha lehrte die 4 edlen Wahrheiten, Indien kennt die 4 heiligen Vedas und der Islam 4 heilige Bücher, nämlich die Thora, die Psalmen, das Evangelium und den Koran. 4 ist eine vollkommene Zahl. 4 ist also Ordnung und nie Zufälligkeit oder Glück. Wie verhält es sich jedoch beim vierblättrigen Kleeblatt? Nachdem Klee üblicherweise drei Blätter hat, ist ein solchermaßen weiterentwickeltes Fundstück ein Sinnbild der alles durchdringenden Ordnung und kann als starkes Amulett angesehen werden.

Kurzcharakteristik: Als Zahl der Ordnung hat die 4 zwei Aspekte. Zum einen verleiht sie einem „Vierer" die Klarheit, die er für das Erkennen des eigenen Ichs und seines Lebenszusammenhangs braucht, aber sie kann ihn zum anderen auch in dieser Ordnung ersticken, denn Ordnung um ihrer selbst willen wird zum Zwang. Dauerhaftigkeit und Willensstärke sind in der 4 angelegt, aber wenn keine lohnenden Ziele in Sicht sind, ist Trägheit

die Folge. Ein „Vierer" kann ebenso fleißig arbeiten wie sich langweilen. Der praktische und ordentliche Aspekt dreht sich, wenn er nicht gelebt werden kann, um und kann zu Schwermut und Melancholie führen.
Namenszahl: Typ Arbeiter, Eigenschaften: Praktische Begabung, Geduld, Detailliebe, Standfestigkeit
Persönlichkeitszahl: Sie sind praktisch, diszipliniert, zuverlässig, loyal, arbeitsam und introvertiert.
Herzzahl: Sie können Opfer bringen für eine gemeinsame Sache.
Schicksalszahl: Lernen Sie Geduld und Detailbewusstsein und führen Sie Arbeiten zu Ende, die Sie angefangen haben.
Planet: Saturn
Tag: Samstag
Geschlecht: neutral
Richtung: Südosten
Farbe: Gold
Edelstein: Hämatit

Fünf

„Fünf ist des Menschen Seele,
wie der Mensch aus Gutem
und Bösem ist gemischt,
so ist die Fünfe,
die erste Zahl
aus Grad' und Ungerade."
Friedrich von Schiller

5 Menschlich, allzu menschlich ist diese Zahl: 5 Finger hat die Hand, 5 Extremitäten hat der Körper (Kopf, zwei Arme und zwei Beine) und über 5 Sinne verfügt der Mensch: Er kann schmecken, fühlen, riechen, hören und sehen. 5 ist, nachdem sie in der Mitte des Zehnerblocks steht, auch eine Zahl des Mittelmaßes. Sie orientiert sich zwar nach bei-

den Richtungen (zur 1 und zur 10), aber sie unternimmt keine Anstrengung, sich auf die eine oder andere Richtung festzulegen.

Warum die Pythagoreer auf die 5 nicht gut zu sprechen waren, liegt einfach daran, dass sie mit den 4 ersten „großen" Zahlen die mathematische Basis für abgeschlossen hielten. Sie kannten nur 4 regelmäßige Körper und so stürzte schließlich ein ganzes Weltbild für sie zusammen, als Hippasos einen fünften entdeckte, den Pentagondodekaeder, der ausgerechnet aus 5 Ecken bestand. Auch macht es die Zahl nicht sympathischer, dass das amerikanische Pentagon (Sitz der Armeeführung und des Verteidigungsministeriums) eine fünfeckige Grundfläche besitzt.

5 ist eine Primzahl und somit nur durch 1 oder sich selbst teilbar; sie ist also sehr stabil. Die 5 trägt alles in sich, was „Mensch" bedeutet, aber sie steht nicht gerade für „Menschlichkeit", also für seine beste Seite. Schließlich waren die 5 Wunden Christi ihm von einem Menschen zugefügt worden. Die 5 im Menschen deutet mehr auf seine Triebe und Lüste, etwa wenn er mal „fünf gerade sein lässt".

In China allerdings versteht man die 5 grundsätzlich positiv. Man wünscht sich „fünffaches Glück", was wohl hauptsächlich daher rührt, dass in der chinesischen Tradition den 4 europäischen Elementen (Feuer, Wasser, Luft und Erde) 5 entsprechen. Dort unterteilte man in Erde, Wasser, Feuer, Holz und Metall. Man hatte die Ordnung nach handgreiflichen (nach der Fingerzahl) Kriterien aufgebaut und daher verbot es sich, die 5 respektlos zu behandeln. Die 5 Finger griffen auch die Saiten der Zupfinstrumente, verschlossen Flötenlöcher und trommelten – also war es nur logisch, auch die gesamte Musik auf der 5 aufzubauen.

Eine Eigenschaft der 5 kommt auch bei banalen Rechenoperationen schnell zum Vorschein: Sie weist sehr stark auf sich selbst hin. Jede ungerade Zahl, die man mit ihr multipliziert, weist am Ende des Resultats wieder die 5 auf; sie ist also bestrebt, sich immer deutlich wiedererkennbar fortzupflanzen. Eine magische Note erhielt die 5 durch das Pentagramm (auch Pentaculum oder Drudenfuß genannt). Dieser fünfzackige Stern,

Pentagramm

den man in einem Zug zeichnen kann, galt bei den Pythagoreern noch als Zeichen für Gesundheit; im Mittelalter schützte man sich damit vor Hexen oder verwendete das Symbol für schwarzmagische Verrichtungen. Dafür musste man es allerdings auf den Kopf stellen. In der Esoterik ist das Pentagramm das Zeichen für den Mikrokosmos oder das fünfte Prinzip – das Denkvermögen.

Kurzcharakteristik: In dieser Zahl sind die erste männliche und die erste weibliche zusammengeschlossen. Daher sind „Fünfer" zuallererst Menschen und erst später mit einer erkennbaren männlichen oder weiblichen Energie behaftet. Man kann kaum hervorstechende Eigenschaften finden, sondern höchstens die Summe aller möglichen Eigenschaften erkennen – vorgetragen meist in einer ruhelosen und unbeständigen Weise.
Namenszahl: Typ Reisender, Eigenschaften: Vielfalt, Freiheitsliebe, Geschick
Persönlichkeitszahl: Sie sind aktiv, abenteuerlustig, aufgeschlossen, vielseitig und extrovertiert.
Herzzahl: Sie können Neues entdecken und Abenteuer bestehen.
Schicksalszahl: Lernen Sie flexibler und spontaner zu leben und Veränderungen anzunehmen.
Planet: Merkur
Tag: Mittwoch
Geschlecht: neutral
Richtung: Norden
Farbe: Grün
Edelstein: Smaragd

Sechs

*„So Ohr als Zunge
wird zu einer Wollust-Rinne,
mein Fühlen ist vermählt
mit einem sechsten Sinne!"*

Daniel Casper von Lohenstein

6 Die 6 ist wieder eine Zahl der Pythagoreer, denn sie entsteht sowohl durch die Addition der ersten drei Grundzahlen (1 + 2 + 3) als auch durch deren Multiplikation (1 × 2 × 3). Die Mathematik, die (besonders in der Geometrie) viele Zusammenhänge der Natur abgelauscht hat, erkannte das regelmäßige Sechseck, wie es sich in der Bienenwabe findet, als perfekte Form, die für Stabilität und optimale Raumausnutzung steht. Schneeflocken und viele andere Kristallstrukturen sind nach diesem Prinzip aufgebaut und jeder Chemiker kennt das Sechseck aus der gezeichneten Formelsprache.

Ein sechszackiger Stern entsteht zum Beispiel, wenn man zwei gleichseitige Dreiecke um 180° verschoben auf ihren gemeinsamen Mittelpunkt legt – das Sigillum oder der Davidstern. Dieses Zeichen deutet auf die Verbindung des göttlichen Dreiecks mit dem menschlichen hin und stellt somit den Kosmos der Seele dar. Auf der anderen Seite zeigt es, dass beide Aspekte sich bedingen und nur in Übereinstimmung (nämlich wenn die Dreiecke über einem gemeinsamen Zentrum liegen) wahre Harmonie entstehen kann. In ihrem perfiden Leugnen aller menschlichen Werte mussten die Nazis dieses Zeichen fast zwangsläufig zum Todeszeichen machen; die unbewusste Angst vor der gewaltigen Leben spendenden Energie, die hinter diesem Symbol steht, sollte verdrängt werden, indem man es Millionen von Menschen, den Juden, als „Zielscheibe" anheftete.

Die 6 zieht sich durch alle christlich-jüdischen Wurzeln. Am sechsten Tag hat Gott die Welt vollendet und am sechsten Tag wurde der Mensch

Die Bedeutungen der Zahlen 1 bis 9

Im Zentrum dieses Mandalas befindet sich ein Hexagramm

erschaffen. 6 Tage litt Christus für die Menschheit und 6 ist die Anzahl der Cherubimflügel. Das Gesetz schrieb den Juden vor, „sechs Tage zu arbeiten, sechs Tage Manna zu sammeln und sechs Tage das Land zu bebauen".

In fast allen Disziplinen deutet die 6 auf eine Erweiterung der Harmonie hin – beispielsweise in der Musik dadurch, dass die Harmonie aus 5 ganzen Tönen und 2 halben besteht (also sechs ganzen), welche einen Ton erzeugen (= Seele); man erkannte auch, dass sich durch 6 Beziehungen alles ausdrücken ließ, nämlich durch Größe, Farbe, Form, Abstand, Zustand und Bewegung.

6 ist die Weiterentwicklung der „Ordnungszahl" 4. Wo das Quadrat, die eine perfekte Fläche, noch von 4 Linien begrenzt war, wird seine dreidimensionale Fortsetzung, der Würfel, von 12 (6 + 6) Kantenlinien begrenzt und hat 6 Flächen.

Die 6 weist, nicht nur weil man dabei oft an Sex denkt, ebenfalls auf die Liebe hin. Im Tarot ist die sechste große Arkanenkarte das Bild der „Liebenden" und stellt die menschlichste Form von Vollkommenheit und Harmonie dar – eben die Liebe. Sie von der Sexualität zu trennen wird zwar oft versucht, aber beides bedingt sich gegenseitig. Liebe wie Sex könnten sich allein und isoliert nie ganz „erfüllen". Diese Erfüllung oder Vollkommenheit gebiert im Menschen eine neue Energie, stellt einen Zustand her, in dem er über seine Gewohnheit hinaus neue und andere Wahrnehmungen machen kann. Diesen sechsten Sinn kann man sich keineswegs antrainieren wie ein besseres Gehör oder einen verfeinerten Gaumen – er erwacht immer erst dann, wenn man gerade nicht dieser Erfüllung wegen sein Leben und Handeln bestimmen und ändern will.

Wie Sie schon gelesen haben (Seite 14), galt die 6 bei den Philosophen und Mathematikern der Antike als perfekte Zahl – und nicht nur weil sie die Summe all ihrer Teiler ist, nämlich 1 + 2 + 3. In Byzanz galt die Zahl 6 als Symbol der universalen Harmonie und drückte sich in jedem Mosaik aus, in 6 Blumenblättern oder in Herden von immer 6 Schafen.

Die 6 war auch in der Natur als „Großzahl" zu entdecken, als Fußtritt Gottes quasi, wie es Lupinius der Jüngere einmal genannt hat. Die Formen der Bienenwaben etwa sind von auffallender Perfektion. Es gibt keine Bienen auf dieser Welt, die keine sechseckigen Zellen bauen. Warum bauen die Bienen keine runden Waben, warum keine rechteckigen, quadratischen, dreieckigen oder fünfeckigen? Weil bei runden Waben Zwischenräume blieben und andere Formen nicht so stabil wären.

Gut, das ist die mathematische Antwort. Aber welches Prinzip wohnt der 6 inne, dass sie überall in der Natur verwendet wird, wenn es um Stabilität und optimale Platzausnützung geht? Die Bienen haben zweifellos recht, aber warum? Früher nannte man das den Ratschlag Gottes, das Wunder seiner Schöpfung, inzwischen ist man mehr und mehr zur Erklärung der evolutionären Auswahl nach dem Try-and-error-Prinzip übergegangen – und doch bleibt die Frage: Worauf ist diese Klarheit um uns aufgebaut, die sich in ganzen Zahlen so deutlich ausdrückt? Auf Zufall doch wohl kaum.

Kurzcharakteristik: Harmonie und Häuslichkeit sind starke Themen für die „Sechser". Sie suchen ihre Erfüllung und absolute Vereinigung. Sex, Liebe, Freundschaft oder ihr Umfeld sind die Gebiete, in denen sie sich ausleben können. Obwohl sie schöpferisch arbeiten wollen, fehlt ihnen die reine Kraft der 3, die sich hier verdoppelt hat, dabei allerdings nicht an Stärke gewachsen ist, sondern Umständlichkeit und die Neigung zu konventionellen, ja manchmal sogar trivialen Lösungen mit sich gebracht hat.
Namenszahl: Typ Familienoberhaupt, Eigenschaften: Verantwortungsbewusstsein, Opferbereitschaft, ausgeprägtes Empfinden für Harmonie und Ästhetik
Persönlichkeitszahl: Sie sind hilfsbereit, fair, liebevoll, anpassungsfähig, verantwortungsvoll und introvertiert.
Herzzahl: Sie können Harmonie und Behaglichkeit schaffen.
Schicksalszahl: Sie müssen lernen, Harmonie herzustellen und Wogen zu glätten.
Planet: Venus
Tag: Freitag
Geschlecht: weiblich
Richtung: Südosten
Farbe: Silber
Edelstein: Diamant

Sieben

*"Wer will guten Kuchen backen,
der muss haben sieben Sachen …"*
Kinderlied

7 Eine mystische Zahl, eine Zahl mit 7 Siegeln. Dieses siebenfach verschlossene Buch, das heute ein Synonym für etwas völlig Unverständliches geworden ist, erblickte Johannes in der Bibel zusammen mit einem siebenäugigen Lamm mit 7 Hörnern. Das Alte Testament steckt voller Siebener: 7 Lämmer gab Abraham dem Abimelech. 7 Tage trauerte das Volk Israel um Jakob, 7 Festtage des Herrn sollen gefeiert werden, 7 Tage lang sollen Brandopfer gebracht werden, 7 Völker hatten das verheißene Land inne, 7 fleckenlose Lämmer sollten die Kinder Israels opfern und 7 Tage lang ungesäuertes Brot essen. 7 Altäre errichtete Bileam und am siebten Tag opferte er 7 Kälber. 7 Priester zogen die Bundeslade vor Jericho und am siebten Tag posaunten sie.

Bei den Freimaurern ist die 7 die große Symbolzahl. Sie unterscheiden 7 symbolische Grade des Ordens, 7 Hauptpunkte des menschlichen Lebens (Geburt, Kindheit, Jugend, das „männliche" Alter, das Alter der Erfahrung, das Greisenalter und den Tod), die 7 Haupttugenden (Mäßigkeit, Standhaftigkeit, Arbeitsamkeit, Redlichkeit, Verschwiegenheit, Vorsicht und Barmherzigkeit), die 7 Wissenschaften (Zeichenkunst, Dichtkunst, Musik, Baukunst, Geometrie, Rechenkunst und Astronomie), die 7 Hauptfehler des Menschen (Leichtsinn, Eigensinn, Furcht, Trägheit, Vermessenheit, Eigenliebe und Argwohn), die 7 Hauptlaster, die ein rechtschaffener Freimaurer verabscheuen und fliehen muss (Hochmut, Stolz, Unmäßigkeit, Neid, Falschheit, Wollust und Rachgier), und schließlich die 7 Gaben des Geistes, die sich ein rechter Freimaurer von Gott erbitten soll, nämlich Weisheit, Verstand, Rat, Stärke, Erkenntnis, Gottesfurcht und Liebe. Wir kennen die Märchen von den Siebenmeilenstiefeln, den 7 Schwaben und von Schneewittchen (wer

Die Bedeutungen der Zahlen 1 bis 9

Im spanischen Tarot symbolisiert die Leiter – ausgerechnet mit 8 Sprossen! – den Weg zur Erleuchtung. Auf die Zwischenräume kommt es an!

wagt jetzt noch von Zufall zu sprechen?!) bei den 7 Zwergen hinter den 7 Bergen.

Die Pythagoreer, die ja immerhin einen Ruf als Mathematiker zu verlieren hatten, waren von dieser Zahl so verunsichert, dass sie kaum praktisch mit ihr umgingen, sondern sie nur als „Vehikel des menschlichen Lebens" bezeichneten und sie aus den 4 Elementen des Leibes und den dreien des Geistes zusammengesetzt sahen. Die 7 steht nämlich, wie sie klar erkannt hatten, für Weisheit, aber nicht für die Erkenntnisse wissenschaftlichen Denkens, sondern für das in jedem niedergelegte Potential des Unbewussten. Zur 7 als okkulter Zahl wurden denn auch schleunigst die passenden Begleiter gesucht – etwa die 7 Planeten, von denen es zwar, wie man inzwischen weiß, einige mehr gibt, aber die lässt man heute für den idealen Eindruck dieser Zahl gerne unter den Tisch fallen. Es gelten also nach wie vor nur Sonne, Mond, Merkur, Jupiter, Venus, Mars und Saturn. Die ihnen zugeordneten Metalle, natürlich ebenfalls 7, waren: Gold, Silber, Quecksilber, Zinn, Kupfer, Eisen und Blei. Man unterschied auch 7 Engel, die vor dem Angesicht Gottes stehen, 7 alchimistische Prozeduren, 7 Öffnungen des menschlichen Hauptes und 7 Wohnungen der Unterwelt. Die 7 Säulen der Weisheit sind im jüdischen siebenarmigen Leuchter, der Menora, symbolisiert und im christlichen

Glauben stehen den 7 Todsünden die 7 Sakramente gegenüber. Wohl nur die 7 Meere musste man nicht „suchen" – sie stimmten einfach mit dem Ansatz überein –, aber ansonsten überrollte die 7 mit ihrer Omnipotenz einfach alles, was nicht klar und logisch betrachtet werden konnte: 7 Leben hat die Katze, 7 Jahre Unglück bringen zerbrochene Spiegel, 7 Köpfe hat die Hydra, 7 Tage die Woche, 7 Geißlein fraß der Wolf und ein Schlagerstar trällerte einst: „Sieben Mal, sieben Mal, das ist meine Liebeszahl…"

Kurzcharakteristik: „Siebener" sind Menschen mit starker Intuition und großer Einbildungskraft. Sie nehmen häufig die Leben über und neben der Realität gleichzeitig wahr, wodurch sie auf andere oft zurückhaltend und introvertiert wirken. Grundsätzlich ist ein Siebener der Meinung, dass der Geist über die Materie herrscht, aber er kennt auch die Kraft der Seele und ist fasziniert von ihr. Starke Sensibilität kann ihn zum Mystizismus führen, aber auch zu unscharfen Träumereien bis hin zur Depression. Er muss aufpassen, dass er nicht den Boden der Realität unter den Füßen verliert.
Namenszahl: Typ Denker, Eigenschaften: analytischer Verstand, Weisheit, Bildung, Unbeholfenheit
Persönlichkeitszahl: Sie sind selbstsicher, kritisch, analytisch, vertrauenswürdig und extrovertiert.
Herzzahl: Sie können Sinnfragen auf die Spur kommen und sie mit den Gefühlen erfassen.
Schicksalszahl: Lernen Sie Stille und Alleinsein anzunehmen und sich Sinnfragen zu stellen.
Planet: Neptun
Tag: Montag
Geschlecht: neutral
Richtung: Nordwesten
Farbe: Weiß
Edelstein: Tigerauge

Acht

*"Eight days a week,
and I was working like a dog…"*
Paul McCartney

8 Acht-ung, diese Zahl sprüht vor Dynamik. Acht-geben – vorsichtig und aufmerksam sein – definiert recht genau die Ebene, auf der diese Zahl wirkt – auf der materiellen. Sie sucht Betriebsamkeit und Erfolg. Sich in Acht nehmen heißt vorsichtig und möglichst pragmatisch mit den Dingen und Situationen umgehen.

Wer allerdings vor 1000 Jahren in Mitteleuropa „in die Acht genommen" wurde, hatte vermutlich nicht vorsichtig genug taktiert und Unregelmäßigkeiten oder Verstöße begangen – mit der Folge, dass über den „Acht-losen" Gericht gehalten wurde. Dann stand man in der Mitte einer gezeichneten 8 (die liegend auch das Zeichen für die Unendlichkeit darstellt, man denke nur an das Symbol für unendliche Entfernung, wie man es auf jedem Fotoapparat findet) und nach dem Urteil verließ man seinen Platz entweder als geachtetes Mitglied der Gemeinschaft oder als Geächteter.

Dieses Nicht-Acht-Geben ist gleichzeitig auch der Stamm für die N-acht, die düster und bedrohlich schon immer dem lichten Tag gegenüberstand. Das System zieht sich durch fast alle europäischen Sprachen, ob bei den Italienern mit „n-otte" (otto = 8), bei den Engländern mit „n-ight" (eight = 8), den Franzosen mit „n-uit" (huit = 8) oder den Griechen mit „n-yktos" (okto = 8).

Die Nicht-Acht war immer das Dunkle, Tiefe und Geheimnisvolle – also auch der Tummelplatz für Gefühle und Unbewusstes. Von beiden ist die 8 aber relativ frei; sie bemüht sich jedenfalls darum, zeigt sich diesseitig, kämpferisch und profitorientiert. Das zeigt auch schon ihr mathematisches Profil, denn sie ist die erste Zahl, die in die dritte Dimension vorstößt. Das Quadrat $2 \times 2 = 4$ ergibt die Fläche, erst die

Acht

Die liegende 8 oder das Unendlichkeitszeichen

Kubikzahl 2 × 2 × 2 schafft den Raum. Die 8 ist also eine äußerst „wirksame" Zahl. Sie ist aus stetiger Ausdehnung entstanden und wird sich immer weiter ausdehnen. Gerade im Altertum sah man diese Eigenschaft noch als äußerst positiv an und bescheinigte der 8 eine „glückliche Aura". Im Islam gibt es zwar 7 Höllen, aber 8 Paradiese, in der Bibel überstanden 8 Menschen die Sintflut, Christus lehrte 8 Grade der Glückseligkeit und 8 Freuden kennen die Seligen: Hunger und Durst nach Gerechtigkeit, Gütigkeit, Verfolgung wegen Gerechtigkeit, Reinheit des Herzens, Barmherzigkeit, Einfalt im Geist und Trauer.

Daneben wirken die 8 Strafen der Hölle auch nicht viel schlimmer: Gefängnis, Tod, Gericht, Zorn Gottes, Finsternis, Peinigung, Beängstigung und Beklemmung. Die achte Sphäre (oder der Planet des Todes) symbolisiert in der Esoterik den absoluten und unwiderruflichen Absturz der Seele – das Böse. Man sieht also, dass Esoteriker mit dem ausgeprägten Materialismus nicht nur nichts anfangen können, sondern ihn gleich a priori verteufeln.

Kurzcharakteristik: „Achter" sind Macher. Betriebsam und dynamisch haben sie immer den Erfolg im Auge. Ohne Wertung gesagt, sind sie jedenfalls in der Lage zu konzentrierter Anstrengung. Ihre Ziele sind dabei meist materieller Art. Die große Energie, die sie besitzen und für ihre Vorhaben einsetzen, kann aber nur allzu leicht in Rücksichtslosigkeit und verbissenen Kampf ausarten. Spektakulär werden sie jedoch immer handeln – im Erfolg wie in der Niederlage.
Namenszahl: Typ Organisator, Eigenschaften: Erfolgsorientierung, Macht, Durchsetzungsvermögen, Selbstbestimmung

Persönlichkeitszahl: Sie sind erfolgreich, diszipliniert, effizient, genau, genügsam und introvertiert.
Herzzahl: Sie können zu Macht und Erfolg kommen, wenn Sie Ihre Energie konzentriert einsetzen.
Schicksalszahl: Lernen Sie diszipliniert zu leben und Ihre Emotionen im Gleichgewicht zu halten.
Planet: Saturn
Tag: Samstag
Geschlecht: neutral
Richtung: Westen
Farbe: Schwarz
Edelstein: Amethyst

Neun

> „Dreimal dein und dreimal mein,
> Und dreimal noch,
> so macht es neun –
> Halt! Der Zauber ist gezogen!"
> William Shakespeare

9 Als 3 × 3 ist die Zahl eine Potenz der göttlichen Vollkommenheit (der 3) und stellt in allen Religionen ein Höchstmaß an geistigen und spirituellen Fähigkeiten dar. Nur die absoluten Verfechter des Dezimalprinzips sahen sie als „fast erreichte Vollkommenheit", aber die Zahlenmystik muss sich glücklicherweise nicht den gleichen Kriterien unterwerfen wie Handel und Wirtschaft.

In der Esoterik und bei den Freimaurern ist 9 die Zahl des Heils und das Symbol geistiger Wiedergeburt – der Inbegriff höchster Vollkommenheit. Die Kabbala kennt 9 himmlische Sphären. Die Buddhisten nehmen 9 geistige Stufen an und bilden das auch real in ihren Tempeln ab, die jeweils 9 Etagen und 9 Dächer besitzen. In Peking, wo man über jedem der 9 Stadttore einen solchen 9-Etagen-Tempel errichtet hatte, hieß der Gouverneur auch „General der 9 Tore".

Im Islam ist das Universum in 9 Sphären aufgebaut: Die erste gehört dem Mond, dann folgen Merkur, Venus und Sonne, die genau die mittlere Sphäre einnimmt und deshalb auch als Zentrum des Universums bezeichnet wurde; darüber liegen die Sphären von Mars, Jupiter und Saturn. Die achte Sphäre bildet die der Fixsterne und die neunte schließlich die „Sphäre der Sphären", ein sternloses Reich, das von reinen Gedankenschwingungen erfüllt sein soll.

Auch Jakob Böhme, der deutsche Mystiker und Naturphilosoph, wusste um die Endgültigkeit der 9, jedenfalls was die Entwicklungsschritte des Menschen betrifft. Er schrieb: „9 ist die Zahl der Tinktur; bis in die neunte Zahl sollen wir gehen, weiter nicht; in der neunten Zahl sieht man alle Dinge." So warnte er alle Neunmalklugen vor dem Verderben des „Zehnmalklugen" – der Zerrüttung des Geistes, dem Wahnsinn.

Wen wundert es, auf dieser neunten Stufe der geistigen und spirituellen Vollkommenheit auch die Musen zu treffen – 9 an der Zahl: Thalia, die der Erde verbunden ist und sich der Komödien annimmt, Klio, die Mondmuse der Geschichtsschreibung, Kalliope (epische Dichtung, dem Merkur zugeordnet), Terpsychore (Tanz, der Venus verbunden), Melpomene (Tragödie, Sonne), Erato (Liebesdichtung, Mars), Euterpe (Lyrik, Jupiter), Polyhymnia (Hymnendichtung, Saturn) und schließlich Urania, die Muse der Sternkunde, die der Sphäre der Fixsterne zugeordnet wurde.

Agrippa von Nettesheim zählte noch weitere Neuner-Systeme auf: „Ebenso gibt es 9 Ordnungen der seligen Engel, nämlich Seraphim, Cherubim, Throne, Herrschaften, Kräfte, Gewalten, Fürstentümer, Erzengel, Engel, die Ezechiel unter dem Bilde von 9 Steinen bezeichnet. Die Namen dieser Steine sind: Saphir, Smaragd, Karfunkel, Beryll, Onyx, Chrysolith, Jaspis, Topas, Carneol. Ferner liegt in der Zahl 9 das große und verborgene Sakrament des Kreuzes, denn um die neunte Stunde gab unser Herr Jesus Christus den Geist auf. Nach 9 Tagen begruben die

Alten ihren Toten und in ebenso vielen Jahren soll Minos in der Höhle von Jupiter seine Gesetze empfangen haben."

9 Körperöffnungen zählen wir noch obendrein und haben damit hoffentlich die Vorherrschaft des Dezimals widerlegt, denn in der Natur trifft man die 10 recht selten an.

Kurzcharakteristik: 9 drückt das Höchstmaß an geistiger und seelischer Potenz aus, was aber nicht zu verwechseln ist mit Durchsetzungsfähigkeit und Zielstrebigkeit. Die Fähigkeit ist zwar angelegt, aber zu ihrer Verwirklichung bedarf es entsprechend großer Konzentration und eines starken Willens. Das ist jedoch meist die Crux bei dieser Zahl, denn gleichzeitig zeigt sie Leidenschaft und Impulsivität an. Es wird „Neuner" also ihr ganzes Leben fordern, mit diesen hohen Energien umzugehen und sich von ihnen nicht verwirren zu lassen. Die 9 steht auch für sympathisches Auftreten und einen nie rastenden, erfindungsreichen Geist, der die höchste Belohnung in der unkonventionellen Lösung eines Problems sieht.

Namenszahl: Typ Politiker, Eigenschaften: Humanität, Kunstsinn, Reiselust, Großzügigkeit

Persönlichkeitszahl: Sie sind großzügig, hilfsbereit, freigebig, liebenswürdig und extrovertiert.

Herzzahl: Sie können anderen mit Weisheit und Mitgefühl helfen.

Schicksalszahl: Lernen Sie auf andere zuzugehen und sich um deren Wohlergehen zu kümmern – ohne dafür an Gegenleistung zu denken.

Planet: Mars
Tag: Dienstag
Geschlecht: männlich
Richtung: Süden
Farbe: Rot
Edelstein: Koralle

DIE GEBURTSTAGSZAHLEN

Nach der Charakteristik der ersten 9 großen Zahlen können Sie nun vielleicht etwas mehr mit folgendem Gedicht anfangen. Tausende haben sich schon an der Deutung des Faust'schen Hexeneinmaleins von Goethe versucht:

> *„Du musst verstehn!*
> *Aus Eins mach Zehn,*
> *und Zwei lass geh'n,*
> *und Drei mach gleich,*
> *so bist du reich.*
> *Verlier die Vier!*
> *Aus Fünf und Sechs,*
> *so sagt die Hex',*
> *mach Sieben und Acht,*
> *so ist's vollbracht:*
> *und Neun ist Eins*
> *und Zehn ist keins.*
> *Das ist das Hexeneinmaleins."*

Antworten Sie nicht zu vorschnell wie Faust: „Mich dünkt, die Alte spricht im Fieber", sondern ziehen Sie auch den Rat der Hexe in Erwägung, der lautet: „Die hohe Kraft der Wissenschaft der ganzen Welt verborgen! Und wer nicht denkt, dem wird sie geschenkt – er hat sie ohne Sorgen."

Natürlich ist die Zahlenreihe bei 9 noch nicht beendet, doch für die Auslegungen Ihrer Namens-, Persönlichkeits-, Herz- und Schicksalszahlen reichen die 9 Ziffern aus. Die Numerologie hat jedoch noch andere Möglichkeiten der Voraussage und Einteilung, etwa die nach Ihrem Geburtstag. Aus dieser Zahl zwischen 1 und maximal 31 sollen Sie nun aber keine Quersumme ziehen; den einunddreißig möglichen Tagen einer Geburt sind nämlich ebenso viele unterschiedliche Wertungen zugeteilt und die können Sie im Folgenden nachlesen:

1 Mit oder unter anderen zu arbeiten widerstrebt Ihnen zutiefst. Sie sind der immer sprungbereite aktive Einzelgänger, der bei Schwierigkeiten, die nicht schnell zu lösen sind, leicht zum Einzelkämpfer wird. Ihr Selbstvertrauen ist gigantisch – ganz im Gegensatz zu dem Vertrauen, das Sie anderen entgegenbringen.

2 Ob Mann oder Frau, Sie sind die „Mutter", die schaffende, schöpfende und bewahrende Kraft, die anderen Wärme und Sicherheit beschert, aber auch oft unter dem Durcheinander der eigenen Gefühle leidet, sich unverstanden fühlt und das gefundene Fressen für opportunistische Ausbeuter darstellt.

3 Der unbeirrbare Optimist, der mit seiner schwer zu erschütternden positiven Grundeinstellung andere mitreißen oder ihnen schrecklich auf die Nerven gehen kann. Hindernisse werden nicht beklagt, sondern stellen hauptsächlich interessante Möglichkeiten dar, die eigene Kreativität zu beweisen und unkonventionelle Lösungen zu finden.

4 Eine Person mit Prinzipien. Sie lieben die Ordnung und können sie perfekt organisieren. Die Klarheit, in der Sie sich, Ihre eigenen Lebenszusammenhänge und die Verbindung zu anderen erkennen, hilft Ihnen, einfache und dauerhafte Lösungen zu finden. Zuviel Ordnung kann aber zum Zwang werden, der Sie zum Pedanten werden lässt.

5 Was man sicher über Sie sagen kann, ist, dass man nichts sicher über Sie sagen kann. Sie lieben die ständigen Veränderungen, den Wechsel und das Abenteuer. Ihre ruhelose Energie äußert sich mit Vorliebe in leidenschaftlich geführten Diskussionen.

Die Geburtstagszahlen

6 Sie wollen sich nicht nur einen Platz im Leben erkämpfen, sondern vor allem den richtigen. Starkes Verantwortungsgefühl und die aufmerksame Liebe zu anderen zeichnen Sie aus. Ihr Heim ist wirklich Ihre Burg – dafür kämpfen Sie und schöpfen aus der häuslichen Harmonie die Kraft für den Alltag.

7 Auf der Oberfläche scheint sich das ganze Leben abzuspielen, aber Ihre Gedanken, Wünsche und Hoffnungen sind stets in die Tiefe gerichtet. Gefühlsstärke ist Ihre Chance und Sie können tatsächlich tiefer in das Wesen der Dinge eindringen; die absolute Betonung des Gefühlslebens birgt aber auch die Gefahr von Unschärfe im Denken und Handeln und leichter Verletzbarkeit.

8 Sie sind der Macher, der betriebsam und dynamisch den „Lebenskampf" aufnimmt und nur ein Ziel vor Augen hat: den Erfolg! Sie verfügen über Stärke und Durchschlagskraft und sind der geborene Organisator. Die gleiche Kraft kann Sie aber auch zum rücksichtslosen Opportunisten werden lassen.

9 Die Größe Ihrer geistigen und spirituellen Potenz reicht aus, um Sie praktisch jedes Ziel auf diesen Gebieten erreichen zu lassen, wenn es nicht eine sprunghafte und impulsive Energie gäbe, die Sie häufig aus der geradlinigen Bahn wirft. Problemen anderer gegenüber verhalten Sie sich interessiert und greifen oft verständnisvoll und hilfsbereit ein, wenn Sie das Gefühl haben, dass Ihre Erfahrungen auch wirklich geschätzt werden.

10 Sie glauben, die ganze Welt beschützen und zu einer „besseren" umformen zu können. Sie verfügen sogar über die Energie und das nötige Wissen. Vergessen Sie dabei aber nicht, dass man sowohl schützen als auch radikal verändern nur dann kann, wenn der andere danach verlangt oder wenigstens mit dem fremden Eingreifen einverstanden ist.

Die Geburtstagszahlen

11 Sie können Situationen und Zusammenhänge über das scheinbar reale Bild hinaus „riechen". Ihre Intuition ist stark entwickelt, und wenn Sie einige Erfahrung damit gesammelt haben, verlassen Sie sich auch bedingungslos darauf. So können Sie tatsächlich auch die meisten Probleme und Situationen meistern, vor allem da Sie auch mit einem kreativen und originellen Geist ausgestattet sind.

12 Ausgewogenheit ist ein wichtiges Thema für Sie. Auf andere wirken Sie tatsächlich in hohem Maße durch diese Kraft der Balance. Ihr Anspruch, Moral nicht nur zu haben, sondern auch zu leben, reibt sich daran aber oft, denn nachdem Sie Argumente aller Seiten nachvollziehen und für jeden ein gewisses Maß an Verständnis aufbringen, fällt es Ihnen schwer, sich tatsächlich auf eine Richtung festzulegen und sich auch für Extreme zu entscheiden. Das ist der Haken an der Sache.

13 Klares Denken, prägnantes Formulieren und logischer, schrittweiser Aufbau im Planen und Handeln sind typische Merkmale Ihrer Person. Die Ziele, für die Sie diese Fähigkeiten einsetzen, sind aber durchwegs materieller Natur. Auf dieser Ebene ist Ihnen der Erfolg sicher. Hingegen werden Sie oft unter einer (scheinbaren) Unfähigkeit im emotionalen Bereich leiden. Sie können die Gefühle für sich entweder ganz abschaffen oder versuchen, mit derselben Energie und Dynamik, mit der Sie sich in materiellen Dingen behaupten, auch auf andere zuzugehen und zu geben, ohne ans Nehmen zu denken.

14 Sie haben ein sehr einfaches Programm, das sich jedoch äußerst schwer durchsetzen lässt. Sie wollen nur das Schöne, Gute, Reine und Wahre. Verständlich, dass Sie mit diesem Anspruch bei den meisten Ihrer Mitmenschen gegen verschlossene Türen anrennen, auch wenn Sie beteuern, dass Sie es nicht von den anderen verlangen, sondern es ihnen im Gegenteil einfach geben wollen.

Die Geburtstagszahlen

15 Sie sind der geborene Lastenträger, der vieles lange und oft für andere trägt – am liebsten Verantwortung. Dabei entreißen Sie diese dem anderen nie; er gibt sie Ihnen gern und freiwillig. Auch in der Sicherheit Ihres Heims sind Sie von Anfang an ein unverzichtbares Zwitterwesen: der Herr im Haus (auch wenn Sie eine Frau sind) und gleichzeitig Mädchen für alles (auch wenn sie ein Mann sind).

16 Die Zahl des Intellektuellen. Ihr Hang zur ernsthaften Durchdringung aller Lebens- und Denkzusammenhänge macht Sie zu einem ideellen wie praktischen Wegweiser. Ihr schnell kombinierender und immer hellwacher Verstand kann für andere aber auch anstrengend sein, und finden Sie sich gar Menschen gegenüber, die Ihren Ansprüchen nicht gewachsen sind, können Sie leicht ungeduldig und sogar beleidigend werden.

17 Ihre Taktik verspricht Erfolg und Seelenfrieden: Kampf nach außen und Friede im Inneren. Ihre Vitalität, die von anderen oft als Angriffslust gedeutet wird, macht Sie zu einem rastlosen Umtreiber, der erst die Zähne zeigt, wenn er offensichtliche Ungerechtigkeit sieht. Dann allerdings zeigen Sie's den anderen auch – ohne den inneren Frieden deshalb in Gefahr kommen zu lassen. Energie pur!

18 Ihre Fähigkeiten und Ihre Potenz sind allumfassend. Sie interessieren sich für alles und glauben auch, in jeder Disziplin fähig zu sein, alles zu leisten. Sehr zum Ärger Ihrer Umgebung, die schon sehnsüchtig auf blamable Misserfolge hofft, schätzen Sie sich immer richtig ein. Nur: Alles zu können und alles interessant zu finden heißt Ziele aus den Augen verlieren und Sie laufen Gefahr, dass Ihr Leben zur bloßen Beschäftigungstherapie wird.

19 Als geborener Spieler werden Sie sicherlich auch gern auf Ihre Geburtstagszahl setzen. Wenn Sie dann verlieren, werden Sie

Die Geburtstagszahlen

sich nicht ein bisschen ärgern, sondern vor Wut schäumen. Der Sieg bringt Sie an den Rand eines hysterischen Lachkrampfs. Ihre Gefühle sind also so stark und pur, dass zumindest Poker nicht das beste Spiel für Sie sein dürfte. Sicherheit und Planung vernachlässigen Sie im Leben. Dafür scheint keine Zeit zu sein, wenn man dauernd auf der Suche nach dem Absoluten ist.

20 Wenn Sie etwas wollen, wird man es Ihnen auch geben, denn wenn man Sie kennt, weiß man, dass es besser ist, sich gleich zu ergeben. Die Alternative wären nur verbissene Kämpfe, aus denen früher oder später nur einer als Sieger hervorgehen kann: Sie. Der Wille ist Ihre Sprungfeder und Antriebswelle. Die Ziele können allerdings manchmal recht beliebig sein. Zu den Menschen, die Sie einmal akzeptiert haben, verhalten Sie sich jedoch bedingungslos loyal und lassen sie an Ihrer Energie teilhaben.

21 Ein geselliges Wesen mit Persönlichkeit kann einfach nicht untergehen – und das sind Sie. Ihre eigenwilligen Gedanken und eine sehr ausgeprägte Meinung hindern Sie aber nicht daran, mit anderen zusammenzuarbeiten – im Gegenteil, Sie sind der geborene Teamworker. Geselligkeit findet bei Ihnen aber nicht nur nach außen hin statt. Im Inneren sind Sie auch aus vielen Personen, Wünschen und Vorstellungen zusammengesetzt und diese Vielseitigkeit hindert Sie oft daran, eine klare Linie in Ihr Leben zu bringen.

22 Was Sie am wenigsten plagt, sind Zweifel, seien es solche an Ihrer Arbeit, an Ihrer Selbstdarstellung oder generell an sich selber. Ihr Selbstbewusstsein ist meist so stark ausgeprägt, dass andere dafür gern das Wort „Selbstüberschätzung" wählen. Wenn es gilt, Pläne und Projekte zu verwirklichen, geben Sie sich weder mit kleinen noch mit großen ab – grundsätzlich sind nur gigantische zugelassen. Lernen Sie aus Fehlschlägen!

Die Geburtstagszahlen

23 Freiheit ist Ihr Ziel, und der Weg ist der Umweg. Geradlinigkeit ist Ihnen nicht gegeben – weder im materiellen noch im emotionalen Bereich –, aber Sie werden mit der Zeit entdecken, dass auch die extreme Schlangenlinie, mit der Sie sich fortbewegen, eine Richtung hat – und die weist tatsächlich auf Ihr Ziel!

24 Glück finden und Glück suchen sind Ihre beiden Haupt- und Lieblingsbeschäftigungen. Nachdem Sie erkannt haben, dass man das meiste bekommt, wenn man anderen Glück schenkt, werden Sie in dieser Richtung immer spendabler. Ihre Fähigkeit, sich selbst auf die feinsten Schwingungen und Untertöne anderer einzustellen, macht Sie zum geborenen Lehrer. Sie können jedem alles so vermitteln, wie gerade er es verstehen und schätzen kann. Hüten Sie sich vor mehr Verantwortung, als Sie lustvoll tragen können!

25 Ehrlich zu sein ist der Grundanspruch in Ihrem Leben, den Sie sowohl von anderen erfüllt haben wollen als auch selbst (oft übertrieben genau) erfüllen. Aber Ihre eigentliche Suche gilt der Wahrheit. Sie müssen akzeptieren, dass man mit Ehrlichkeit allein die Wahrheit oft nicht finden kann, dass es sogar mehrere Wahrheiten gibt, die gleichberechtigt nebeneinander existieren. Aber Ihre zweite starke Eigenschaft, eine ausgeprägte Affengeduld, hilft Ihnen bei der Suche, in diesem Verwirrspiel ab und zu doch ein Korn zu finden – ein Körnchen Wahrheit!

26 Wenn die anderen das Fahrrad sind, werden Sie der Dynamo sein. Ihr Potential liegt nicht darin, selber anzutreten, sondern Gedanken und die Arbeitskraft anderer zu „transformieren", sie in eine Richtung zu lenken, zu kanalisieren und das Ziel zu erkennen und anzusteuern. In dieser Anlage steckt ebenso viel Charme wie Gefahr: Letztlich entscheidet der richtige Ton, doch wenn Sie den finden, sind Sie mit Sicherheit unschlagbar.

Die Geburtstagszahlen

27 Sie wollen das Leben nicht ändern, sondern es erkennen. Sie versuchen Zusammenhänge zu durchschauen, Erfahrungen zu sammeln und sie anderen mitzuteilen, wenn Sie glauben, ihnen damit Rat und Hilfe bieten zu können. Da Sie selbst ein sehr wichtiger Teil dieses Lebens sind, werden Sie auch stets bemüht sein, sich selbst zu erkennen. Das kann Sie über die Psychologie und die Esoterik bis hin zum Okkultismus führen. Die Gefahr dabei ist, dass Sie in der Beobachtung Ihres eigenen Wunders stecken bleiben.

28 Leute wie Sie sollten in die Politik gehen, tun es aber leider oft nicht. Sie haben die Fähigkeit, kreativ und eigenwillig zu denken, übernehmen problemlos Führungspositionen und haben eine Tendenz, Dinge und Situationen zum Guten hin zu wenden, weil Sie Ihre schlichte humanistische Lebensvorstellung zum Maßstab nehmen und geradlinig danach handeln.

29 Jemand hat Ihnen einmal gesagt, dass alles nur Fassade ist. Das hätten Sie besser nicht gehört. Eine Grundtendenz in Ihrem Leben ist Misstrauen, von dem Sie behaupten, es sei ein gesundes, das Sie aber gleichzeitig ständig daran hindert, sich auf Menschen oder Zusammenhänge einzulassen. Doch mit den Übungslektionen für Vertrauen müssen Sie bei sich selbst beginnen, denn Ihr erstes und größtes Hindernis ist Misstrauen gegen sich selbst.

30 Das Leben ist eine Bühne für Sie, obwohl der Beruf des Schauspielers oder Operntenors sicherlich der denkbar ungeeignetste wäre. Aber die Faszination des Fädenziehens hat Sie schon früh ergriffen und auch wenn Sie ein gesundes Realitätsempfinden haben, lässt die Vorstellung vom „Spiel des Lebens" Sie nicht mehr los. Im emotionellen Bereich werden Partner und Freunde immer Doppelrollen zu spielen haben, die der Geliebten und der Ratgeber. Vergessen Sie nicht, dass Spielen auch Loslassen einschließen sollte!

Die Geburtstagszahlen

31 Sie besitzen zwei sich aufs Beste ergänzende Eigenschaften: Sie können kreativ und unkonventionell denken und Sie wissen, wie man Ideen in die Tat umsetzt. Eigentlich könnten Sie Ihr eigener kleiner Konzern werden. Doch da man fast immer von anderen Menschen umgeben ist, laufen gerade Sie Gefahr, wegen Ihres großen Potentials an Einfällen und Arbeitsenergie ausgenutzt zu werden. Besinnen Sie sich auf ihre eigenen Wünsche.

Welcher Tag ist günstig?

Zahlen haben wirklich eine ganze Menge zu sagen! Neben den bereits genannten Möglichkeiten kann man mit Hilfe der Zahlen auch in Erfahrung bringen, welche Tage für Aufgaben und Unternehmungen günstig sind und welche nicht. Die Geburtstagszahl wird häufig dazu benutzt herauszufinden, welche Tage für einen Menschen gut und welche für ihn schlecht sind. Wenn man sich vor Augen hält, dass jeder Tage hat, an denen ihm einfach alles gelingt, und andere, die ihm nur Misserfolge bescheren, dann fehlt nur noch die Überlegung, ob diese Termine einer bestimmten Gesetzmäßigkeit unterworfen sind. Hat man einmal die Theorie in sich verwobener Rhythmen und Harmonien akzeptiert, die alle zusammen mit einer kosmischen Harmonie schwingen, ihr quasi unterworfen sind, dann kann man sich auch auf das unübersichtliche Gebiet der Zahlenmagie begeben.

Zahlenmagier glauben, dass man die Grundenergie von Tagen vorhersagen kann, wenn man Schicksalszahl, Namenszahl und die Zahl des zu untersuchenden Tages addiert und auf die Quersumme reduziert. Angenommen, jemand hat die Namenszahl 5 und ist am 24. 6. 1950 geboren (2 + 4 + 6 + 1 + 9 + 5 = 27 = 9), hat also die Schicksalszahl 9. Nun möchte er wissen, was der 14. 3. 1987 für ein Tag für ihn ist. Die Quersumme dieses Datums ist: 1 + 4 + 3 + 1 + 9 + 8 + 7 = 33 = 6. Die Datumszahl ist also 6. Als Summe von Namenszahl (5), Schicksalszahl (9) und Datumszahl (6) ergibt sich: 5 + 9 + 6 = 20 = 2. Die 2 steht in diesem Fall für einen inaktiven Tag. Es empfehlen sich keine Unternehmungen, sondern nur Überlegungen und Planungen zu einem bestimmten Problem – also ein passives Verhalten. Ein solcher Tag hat keine eigene negative Kraft, er deutet vielmehr auf die Chance hin, eine neue Sichtweise zu gewinnen.

Was die Zahlen 1 bis 9 als Ergebnis solcher Berechnungen bedeuten, können Sie hier nachlesen:

Welcher Tag ist günstig?

1 Ein guter, aktiver Tag. Jetzt lassen sich Probleme frontal angehen und man kann durch entschlossenes Handeln eine Lösung oder wenigstens eine Klärung erreichen.

2 Ein passiver Tag. Man sollte sich weiter mit dem Problem beschäftigen und versuchen, seine gesamten Aspekte zu ergründen, aber nicht direkt handeln.

3 Ein aktiver Tag, jedoch nicht unbedingt zur Lösung schwer wiegender Probleme oder für knifflige Arbeiten, sondern für Feiern und Vergnügungen – ein Tag, an dem sich Weichen stellen lassen oder an dem sich Langwieriges endlich positiv erfüllt.

4 Ein passiver Tag, gut geeignet für anspruchslose Arbeiten, Routine oder Vorbereitungen.

5 Ein aktiver Tag, an dem Sie auch große Risiken auf sich nehmen können. In Unterhaltung, Liebe und Arbeit verheißt er Aufregung und Abenteuer.

6 Ein passiver Tag, an dem man sich auf den anderen beziehen sollte. Gemeinsame Konflikte lassen sich hier gut beilegen. Gemeinsam lässt es sich auch gut entspannen. Ein unverhoffter Ferientag zusammen mit Freunden oder der Familie!

7 An diesem Tag ist es besser, den Schatten der Dinge zu betrachten als die Dinge selbst; ein Tag zum Lernen, Klären und Meditieren – und vor allem ein Tag zum Lieben.

8 Ein aktiver Tag, an dem Sie in die Vollen gehen können. Wichtige Projekte sollten an solchen Tagen begonnen werden, sie sind aber gleichermaßen Erfolg versprechend für Liebe und Finanzen.

Welcher Tag ist günstig?

9 Ein magischer Tag, an dem sich Wünsche wie von selbst erfüllen – man muss sich nur über seine Wünsche klar werden und alle entsprechenden Reaktionen genau verfolgen.

Tatsächlich war es für Zahlenmagier schon immer ein beliebter Zeitvertreib, Geschehnisse aus der Geschichte auf diese Weise rückwirkend zu deuten. So hat man etwa für Napoleon anlässlich der Schlacht bei Waterloo eine 6 errechnet, also eine Zahl der Harmonie, die außerdem noch auf einen passiven Tag hindeutet. Dass man an einem Sechser-Tag Konflikte gut beilegen kann, spricht auch nicht gerade für den glücklichen Ausgang einer Schlacht, denn das ist die Energie, die man für Friedensverhandlungen braucht. Für Napoleons Gegenspieler, den englischen Herzog von Wellington, hat man aus Namens-, Schicksals- und Datumszahl eine 1 errechnet und so wundert sich im Nachhinein wohl keiner mehr über die Niederlage Napoleons, denn bei der 1 heißt es: „Jetzt lassen sich Probleme frontal angehen und man kann durch entschlossenes Handeln eine Lösung oder wenigstens eine Klärung erreichen."

ZAHLEN OHNE ENDE:
VON 10 BIS 10 000

Sie sehen also, der Umgang mit den Zahlen ist vielfältig. Natürlich können Sie auch intuitiv mit der Numerologie arbeiten. Das heißt: Wenn Sie es mit einer Zahl zu tun haben, die Ihnen aus irgendeinem Grund bedeutungsvoll erscheint, dann können Sie sie selbstverständlich auch für sich deuten. Handelt es sich dabei um eine einstellige Zahl, dann lesen Sie ihre Bedeutung im Kapitel „Die Bedeutungen der Zahlen 1 bis 9" (Seite 28) nach. Ist die Zahl zwei- oder mehrstellig, dann bilden Sie entweder die Quersumme so lange, bis Sie eine einstellige Zahl erhalten, oder aber Sie lesen ganz einfach die Bedeutung Ihrer Zahl im Folgenden nach.

10 Die Zahl, auf die sich eine ganze Welt nach vielem Hin und Her als Basis geeinigt hat – die Grundlage des Dezimalsystems. Wir lernen durch das Abzählen an unseren Fingern mit verschiedenen Mengen umzugehen und die Summe unserer Hände bildet auch den Grundbaustein der neueren Mathematik. Trotzdem ist diese Zahl im Vergleich zu den „einfachen" irgendwie schwach und unscharf. Die 10 Gebote sind ebenso wie die 10 Bewusstseinsebenen im jüdischen Lebensbaum große Themen, zu groß wohl, um dieser Zahl eine Eindeutigkeit zu verleihen. Sie steht für geradlinige Ausgewogenheit und für Pedanterie, für ein angestaubtes Gefühlsleben und für die Ehe (was leider nicht selten identisch ist). Hier nehmen die Tiefenpsychologen an, dass die 2 aus dem Eros (5) Ernüchterung (2 × 5) gemacht hat. Also: stark und wichtig, aber nicht spektakulär und nicht gerade sehr lebendig.

Wir sind mit dem Dezimalsystem aufgewachsen. Daraus nun zu schließen, dass die Zehnerteilung ein kosmisches Rechenprinzip ist, wäre ein Fehler. 2, 5, 6, 12 und 20 sind ebenfalls solche „Großzahlen", die zu verschiedenen Zeiten und in verschiedenen Kulturen als Basis von Rechenoperationen verwendet wurden. Die 10 ist ein Teil des schlichten „An-den-Fingern-Abzählens", das auch die Untergruppen 5 (für die 5 Finger an jeder Hand) und 20 (für Finger und Zehen) geprägt hat.

Aber sogar in der Natur findet man hie und da das Dezimalsystem. Bei Wespen der Gattung Eumenes etwa, deren Weibchen ihre Eier in voneinander getrennte Zellen ablegen und ihre Brut mit einer bestimmten Menge Raupen als Fressvorrat versorgen. Die Wespen, die zwischen männlichen und weiblichen Eiern unterscheiden können, legen jedem Weibchen immer exakt 10, jedem Männchen immer 5 Raupen dazu ...

11 „11 ist die Sünde, 11 überschreitet die 10 Gebote", sagte Schiller. Natürlich hat es diese Zahl schwer, eingepfercht zwischen der wichtigen 10 und der noch bedeutungsvolleren 12, dazu noch Primzahl, die nur durch 1 und durch sich selbst teilbar ist, also von vornherein mit dem Verdacht des Ungebärdigen und Anarchistischen behaftet. Und prompt wiesen ihr mittelalterliche Bibelforscher ausschließlich „die schlechtere Seite" zu (ad malam partem), wohl auch wegen ihrer unkonventionellen und witzigen Energie. Es ist also kein Wunder, dass der rheinische Karneval am 11.11. um 11.11 Uhr beginnt, wenngleich vor dieser Art von Witz die Kirche heute nicht mehr zittern muss.

12 Sie ist nach überkommener Auffassung eine göttliche Zahl, mit der alles Himmlische gemessen wird. Es gibt 12 Zeichen des Tierkreises, denen die 12 vornehmsten Engel zugeordnet sind. Im zwölften Jahr vollendet der Jupiter seine Bahn und der Mond durchläuft täglich 12 Grade. 12 Apostel wählte Christus zur Begleitung, das Jahr teilt sich in 12 Monate, der Tag in zweimal 12 Stunden; wenn es „12 schlägt", geht manchem ein Licht auf, und als Maßeinheit konnte das klassische Dutzend noch bis heute überleben. Die 12 ist die vornehmste Zahl des alten Systems, also für Konservative ebenso wie für Esoteriker die „wahre" Zahl der Erfüllung.

13 Es gibt zwei Arten von Numerologen – solche, die automatisch die Quersumme jeder Telefonnummer und jedes Kfz-Kennzeichens errechnen und dahinter ein Signal wittern, und solche, die nur die „schreckliche" 13 scheuen. Kein Dreizehnter – und schon gar nicht, wenn er auf einen Freitag fällt –, an dem eine hoffnungsvolle Unternehmung glücken könnte! Für Letztere war 1997 eine Gnade: Es gab gerade einmal die verhängnisvolle Kombination von 13 und Freitag. Da können wir (die Aufgeklärten) wirklich nur die Schultern zucken. Nach einer Allensbach-Umfrage fürchtet sich übrigens jeder vierte Deutsche vor dem Freitag dem 13.!

Und sie befinden sich in bester Gesellschaft: Napoleon, Goethe, Bismarck und Arnold Schönberg waren ängstliche Hasen angesichts der drohenden 13. Napoleon weigerte sich rundheraus, an einem Freitag dem 13. Schlachten zu schlagen (obwohl ihn sein Waterloo wohl letztlich von diesem Aberglauben geheilt hat), und Bismarck, der eiserne Kanzler, unterschrieb an einem solchen Tag keine Verträge. Der Poet der italienischen Faschisten, Gabriele D'Annunzio, war von der Angst vor der vertrackten 13 so besessen, dass er ein ganzes Jahr Höllenqualen litt – nämlich 1913. Er umging die direkte Konfrontation mit dieser Zahl, indem er jeden Brief und jede Notiz in diesem Jahr mit „1912 + 1" datierte. Goethe blieb an Freitagen, die auf den 13. fielen, grundsätzlich im Bett, eine Taktik, die wohl manch einer von uns gern kopieren würde. Wenn man nur könnte! Und ausgerechnet der König der Zwölf(!)tonmusik, Arnold Schönberg, litt unter dem 13. wie kaum ein anderer, wahrscheinlich weil er auch an einem 13. geboren wurde. Den 13. Juli 1954 jedenfalls verbrachte er (wie schon viele 13. vorher) starr vor Angst im Bett, bis seine Frau kurz vor Mitternacht in sein Zimmer schaute und ihn beruhigen wollte – nun sei ja gleich alles vorbei. Doch Schönberg stammelte nur noch „Harmonie …" und starb. Genau 13 Minuten vor Mitternacht.

Auch in unserer „aufgeklärten" Zeit ist die Angst vor der 13 noch nicht verschwunden, wie ließe es sich sonst erklären, dass kein anständiges Hochhaus ein 13. Stockwerk hat, dass die 13. Sitzreihe in Flugzeugen traditionell „12 a" heißt und man in Hotels vergeblich das Zimmer 13 suchen wird. An einem Freitag dem 13. verlässt auch heute noch kein Schiff den Hafen. Der ADAC teilt mit, dass an keinem anderen Tag mehr Verkehrsunfälle gemeldet werden, und auch die Krankenhäuser bestätigen, dass an einem solchen Tag die meisten Notfälle eingeliefert werden. Nur auf dem Lottoschein wird die 13 erstaunlich häufig angekreuzt, da gilt sie wohl als Glückszahl. Und einmal im Jahr lieben wir alle die 13. Dann nämlich, wenn es unser 13. Monatsgehalt gibt!

Die 13 ist ein klassischer Zankapfel zwischen zwei Großreligionen: Im Christentum nämlich wurde die 13 offiziell zum Symbol für Unglück, Gefahr und Verrat, weil der 13. am Abendmahlstisch, Judas Ischariot, Jesus verriet. Doch auch die Bibel hat nur ein damals aktuelles „Zahlengefühl" wiedergegeben. Seit den Pythagoreern galt nämlich die erste Zahl (obendrein noch eine Primzahl) nach der klassischen 12, die alles umfasste, die für Zeit, Takt und Ordnung stand, als unheilig. Im jüdischen Glauben dagegen ist die 13 eine Glückszahl. Im Talmud steht geschrieben, dass das Land Israel in 13 Teile geteilt werden wird – und der 13. dem Messias gehören wird. In der Kabbala liest man von 13 himmlischen Quellen, 13 Toren der Gnade und 13 Balsamströmen im Paradies. Doch die christliche Anschauung hat sich – rein durch quantitative Verbreitung – weltweit durchgesetzt.

Die klassische Unglückszahl also. Aber das heißt nicht mehr, als dass sie schon immer als besonders ungebärdig und schlitzohrig verstanden wurde. Wer die Sicherheit und die Routine liebt, muss eine solche Zahl natürlich negativ besetzen. In der Kabbala wird die 13 eindeutig als Glückszahl aufgefasst – schließlich gab es nach dem Alten Testament 13 Stämme Israels und auch die Tatsache, dass es 13 Teilnehmer beim Abendmahl gab, muss man nicht unbedingt als negativ auffassen. Daher kommt aber die Tradition, ebendiese Anzahl von Personen bei einem Essen möglichst zu vermeiden. 13 ist eine Zahl für Querdenker, Abenteurer der eigenen Phantasie und Anarchisten, sie vereint die Lausbubenenergie mit der unbequemen Energie aller Primzahlen.

14 Die 14 ist nicht mehr als die doppelte 7, verliert dabei aber deren große, intuitive Kraft. 14 Tage sind zwei Wochen – eben nur noch ein Zeitraum und nicht die Grundform. Symbolischen Wert bekommt die Zahl durch das Bild der 14 Nothelfer (oder 14 Heiligen), die für Güte aus Vernunft geboren stehen. So wird diese Zahl zum Symbol für Hilfe aus der Not.

15 Die Symbolzahl der geistigen Abstufung, denn der Stufengesang hat 15 Psalmen. Außerdem bezeichnet sie den „halben Monatsteil", also den Weg des Mondes von einem Extrem ins andere (Vollmond, Neumond). Aufklärung durch bedächtiges Stufengehen kann man dieser Zahl zuordnen.

16 Wiederum eine „große" Zahl – die des Maßes und der Vollkommenheit. Die dritte Zahl der Orientierungssysteme nach der 10, die den Menschen zum Maß erhob (die Finger beider Hände), und der 12, die die Sonne dafür wählte – die 16 beruft sich auf den Mond. Sie hebt seine 4 Phasen ins Quadrat und breitet somit auch all das auf den Raum aus, was sich anfänglich nur als 4 darstellen, teilen, trennen, ordnen und gliedern lassen konnte: die 4 Himmelsrichtungen wie die 4 Temperamente, die 4 Elemente, die 4 Tugenden, die 4 Geschmacksrichtungen und die 4 Jahreszeiten. Die 16 steht für potenzierte Ordnung, für das fertige und in sich harmonisch abgestimmte System.

17 Eine Zahl der Antike. Heute können wir beim besten Willen nicht mehr viel mit ihr verbinden oder assoziieren. Man opferte zu bestimmten Gelegenheiten siebzehnmal, schnitt das Holz für den Schiffsbau an einem 17. des Monats und schrieb noch Hexameter, die aus 17 Silben bestehen. Aber wie so viele Zahlen, die nahe an „großen" stehen, sieht man die um 1 größeren als Überwinder des vorherigen Prinzips, die kleineren als noch nicht perfekte „Vorboten" desselben. Die 17 hat also die Vollkommenheit bereits überschritten, das heißt, sie ist wieder menschlich geworden, aber die Kraft des Wissens und der Ordnung hat sie mitgenommen.

18 Bei Agrippa von Nettesheim galt die 18 noch als Unglückszahl, weil Israel 18 Jahre lang dem ungnädigen König Eglon dienen musste. Auf jeden Fall überrascht es, dass die zweifache 9 nicht wichtiger und positiver gesehen wurde. Es hat sich herausgestellt, dass die großen Zahlen durch Addieren und Multiplizieren meist an Größe und Kraft verlieren – allein in die Potenz genommen, scheint ihre alte Kraft weiter. Zusätzlich ist die 18 noch mit beängstigenden Erscheinungen wie Sonnen- und Mondfinsternissen verbunden, denn alle 18 Jahre wiederholen sich Sonnen- und Mondfinsternisse in derselben Reihenfolge.

19 Die 19 gilt als Zahl des „Gesamtkörpers", die sich aus den traditionellen 7 Planeten mit den 12 Tierkreiszeichen bildet.

20 Die 20 stellte die alte Zählgrenze des Menschen dar, denn wenn er alle Finger und Zehen „abgezählt" hatte, war die menschliche Dimension einer Menge damit eben erschöpft. Die „Steige" für 20 Eier erinnert daran ebenso wie „score", die englische Übersetzung davon. Jenseits dieser Grenze begannen die Zahlen abstrakt zu werden. Hier verlassen wir also die menschliche Ebene der Zahlen.

21 Sie gilt als ausgewogene und perfekte Zahl. Ihre Quersumme ist die „große 3", und schon in der Bibel wird von den „21 Vollkommenheiten der Weisheit" berichtet.

22 Sie gilt als „Fülle der Geheimnisse". 22 große Arkana kennt der Tarot, 22 Buchstaben das hebräische Alphabet, die symbolisiert in 22 Mandelblüten am siebenarmigen Leuchter erscheinen. 22 Bücher umfasst das Alte Testament und 22 Tugenden werden Christus zugeschrieben.

Zahlen ohne Ende: von 10 bis 10 000

24 Sie ist die „Sonnentotale", denn der Tag zählt 24 Stunden. Bei den Griechen stand diese Zahl in besonderer Gunst, denn ihr Alphabet umfasst 24 Buchstaben.

28 Eine sehr weibliche Zahl, denn sie steht für den Fruchtbarkeitszyklus. Im Islam trat dazu noch der religiöse Hintergrund: 28 Propheten gab es vor Mohammed und 28 Buchstaben umfasst das arabische Alphabet.

30 Eine Zahl der Ordnung und Gerechtigkeit, da sie sich aus 5 und 6 bildet. Im Altertum war 30 als Alter ein Symbol für die (angenommene) Beendigung der geistigen Entwicklung eines Menschen, vergleichbar der heutigen Volljährigkeit. Deshalb darf man es auch weniger als genaue Altersbestimmung verstehen, wenn das Neue Testament davon spricht, dass Jesus mit 30 Jahren getauft wurde, anfing zu predigen und Wunder zu wirken. Schließlich hatte auch Moses sein öffentliches Leben erst bei dieser Entwicklungsgrenze begonnen. Johannes der Täufer ging mit 30 in die Wüste, um zu predigen. Ezechiel machte mit 30 seine erste Prophezeiung, Joseph wurde mit 30 aus dem Gefängnis entlassen und sogar im alten Rom war 30 das Alter, das man erreichen musste, um Volkstribun werden zu können. Die 30 steht ganz allgemein für eine abgeschlossene Entwicklung, was natürlich auch blockieren kann, man denke nur an unseren Spruch: „Trau keinem über Dreißig!"

32 Die Zahl der Wege in der Kabbala. „Die 32 Wege der Weisheit sind die leuchtenden Pfade, auf denen die heiligen Männer Gottes infolge langer Übung, langer Erfahrung in den göttlichen Dingen und langer Meditation darüber zu den verborgenen Zentren zu gelangen vermögen" (Athanasius Kircher). Den Pythagoreern galt sie – als vierfache 8 – als eine Zahl der absoluten Gerechtigkeit. Obendrein ist sie auch dem „weisen Spiel" zugeordnet: Es gibt 32 Schachfiguren.

33 Besonders in der christlichen Tradition eine wichtige Zahl: Jesus starb mit 33 Jahren, David regierte 33 Jahre lang und diese Zahl bedeutet überhaupt die Nebeneinanderstellung des göttlichen und des menschlichen Prinzips – und nicht die Durchdringung wie (3 + 3) die 6 oder die Vollendung wie (3 × 3) die 9.

40 Eine Zahl der Vorbereitung (auf Erleuchtung oder Erlösung) und der Reue und Buße. 40 Tage und 40 Nächte dauerte der Regen, der die biblische Sintflut brachte, 40 Jahre brachten die Kinder Israels in der Wüste zu, 40 Tage fasteten sowohl Moses, Elias als auch Jesus, 40 Monate predigte Christus, 40 Stunden lag er tot im Grab und 40 Tage nach der Auferstehung fuhr er gen Himmel.

49 Das Quadrat der „heiligen 7". In der Kabbala kennt man 49 Tore der Weisheit, die die verschiedenen Ebenen des Seins, des Lebens und Erkennens darstellen – oder die Grade des okkulten Wissens. Im Mithras-Kult errechnet sich die 49 aus den 7 Toren in den 7 Gewölben der Einweihung. Als Quadrat von 7 jedenfalls das Symbol für das Umspannen der Welt mit mystischer Kraft.

50 Im Hebräischen bezeichnet die 50 den Buchstaben „nun", der Fisch. Er deutet auf das Erscheinen des Lebens, das im Wasser begann, aus ihm kommt und sich von ihm (wenn man es gleichzeitig als das Unbewusste versteht) nie lösen kann – und darf.

60 Sechzig ist eine zentrale Zahl der Antike. Man schrieb die 1 als kleinen Keil, die 60 als großen. In dieser Zahl findet sich sowohl die Beziehung zu den 360° des Kreises als auch zu den 12 Monaten und Tierkreiszeichen. 60 Sekunden ergeben eine Minute, 60 Minuten eine Stunde – und 60 hoch 4 Jahre ein „Weltjahr", nämlich 12 960 000 oder 3600 × 3600 Jahre. Plutarch erkannte, dass diese Zahl das erste Maß für alle die war, die sich mit den Erscheinungen des Himmels beschäftigten.

Den Ägyptern war die 60 heilig, die für sie das Krokodil symbolisierte, denn „es legt in 60 Tagen 60 Eier, brütet 60 weitere Tage daran, hat 60 Zähne im Rachen, lebt 60 Jahre und ruht 60 Tage im Jahr in der Abgeschiedenheit".

64 Die 64 ist die Kubikzahl der Ordnungsmacht 4, demnach das Symbol für kosmische Ordnung, denn jetzt erfüllt dieses Prinzip die Unendlichkeit des Raums. Alle Systeme, die die 4 als kleinste Ordnungseinheit voraussetzen, erfüllen sich in dieser Zahl. Das Schachbrett hat 64 Felder, das I Ging 64 Hexagramme, die die Summe allen Seins darstellen, und der Genetische Code besteht aus 64 Tripletts, die den Lebensbaustein des DNS-Moleküls bilden und somit eine vollständige Abbildung des Menschen darstellen.

70 Der Buchstabenwert des hebräischen „ajin", das Auge. Allgemein steht die 70 für Religiosität, aber auch für Melancholie.

72 Die 72 Gottesnamen in der Kabbala, die 72 Sekten des Islam und die 72 Säulen des Gralstempels.

80 Der Buchstabenwert des hebräischen „pe", der Mund. Außerdem das Symbol der Unvollkommenheit.

81 „Die Summe der Menschheit", das Quadrat der 9. Das Symbol für eine ganze Generation.

90 Der Buchstabenwert des hebräischen „zade", die Angel. Das Symbol für die Trennung vom geliebten Menschen.

99 Es hat sich gezeigt, dass alle Zahlen, die direkt einer „Großzahl" vorangehen oder folgen, von deren Wirkung zehren. Die Nachfolger haben die große Energie um ein Weniges verpasst – das macht sie schwach und symbolisiert ein Über-das-Ziel-Hinausschießen, während die Zahlen, bei denen nur noch ein einziger Schritt zur Vervollkommnung fehlt, menschlich und gut sind. So auch die 99, die in der Bibel oft als Symbol für Menschlichkeit herangezogen wird. Etwa bei Lukas: „Im Himmel wird mehr Freude sein über einen Sünder, der Buße tut, als über neunundneunzig Gerechte, die der Buße nicht bedürfen." Jesus erzählt von einem Hirten, der seine 99 Schafe im Stich lässt, um das eine verlorene zu suchen. Und seine Freude wird weitaus größer um dieses eine wiedergefundene beschrieben als um die 99, die sich nicht verirrt haben. Im Urchristentum wurde übrigens der Zahlenwert des griechisch geschriebenen Amen mit 99 errechnet. Im Islam hat Allah 99 Namen, jedenfalls solche, die der gläubige Moslem aussprechen darf. Die arabische Gebetsschnur, die dem christlichen Rosenkranz entspricht, hat 99 Perlen, zu denen jeweils ein Name gesprochen wird, etwa „der Unbezwingliche", „der Liebenswürdige" oder „der Großmütige". Doch jeder Name ist nur eine Annäherung an das Unaussprechliche, denn ebenso wie man sich kein Bild von Gott machen kann (und darf), kann man auch seinen Namen nicht ermessen. Deshalb ist auch der wahre Name Allahs – der hundertste – unaussprechlich und verborgen. Rumi, der berühmte persische Dichter, schreibt: „Sein Name flieht, sobald du ihn aussprechen willst."

100 Im Dezimalsystem die große Rundzahl der Erfüllung, im hebräischen Alphabet der Buchstabe „kof", das Nadelöhr.

121 Das „Elfer-Quadrat" – die Ordnung der Unordnung, der kosmische Karneval.

144 Das „Zwölfer-Quadrat". Beim Orden der Rosenkreuzer die Zeit in Jahren zwischen zwei Inkarnationen. Natürlich hat sich eine solche Großzahl auch in schlichten Verrichtungen niedergeschlagen, etwa beim Eiersammeln. Die wurden und werden von jeher im

Dutzend verkauft – und für Großeinkäufer eben im „großen Dutzend", im Gros (nach dem französischen „la grosse douzaine" = 12 mal 12). Eine sehr menschliche Großzahl, die Menschenmenge schlechthin, wie man in der Johannesoffenbarung nachlesen kann, wo als Gefolge des königlichen Gotteslammes eine Schar von 144 genannt wird. „Das himmlische Lied konnte niemand vernehmen als die Hundertvierundvierzig, die von der Erde losgekauft sind. Sie sind es, die dem Lamme folgen, wohin es immer führt, in ihrem Mund sind keine Lüge und kein Makel."

200 Der Buchstabenwert des hebräischen „resch", das Haupt. Die Bibel spricht von 200 Wächtern im Weinberg des Salomo.

216 Auf dem Fußabdruck Buddhas sind der Überlieferung nach 216 Glückszeichen zu sehen.

300 Der Buchstabenwert des hebräischen „schin", der Zahn. Sinnbild für Stärke und Heldentum.

360 Die Zahl des Rundjahres und die Bogenzahl des Kreises, in der sich die dritte Vierheit der Pythagoreer erfüllt.

400 Der letzte hebräische Buchstabenwert „taw", das Zeichen. Nach der Bibel hatte König David 400 Gefolgsleute.

666 Diese Zahl erscheint erstmals (in ihrer mystischen Form) in der Beschreibung der Apokalypse in der Offenbarung 13,17/18. Sie hat die Menschheit seitdem zu immer neuen Spekulationen angeregt. Sie wird als das „Große Tier", der Antichrist, verstanden. Der größte Magier unseres Jahrhunderts, Aleister Crowley, gab sich selbst diesen Namen und verband damit die Vorstellung von der Verblendung und Erblindung. In der Zahlenmagie wird schon seit Jahrtausenden immer wieder versucht, Namen berühmter oder berüchtigter Personen in 666 zusammenzuschließen – unter anderem gelang das bei dem römischen Kaiser Nero und bei Adolf Hitler. Auf jeden Fall eine Zahl, von der man die Finger lassen sollte.

777 Eine große Symbolzahl der neueren Zahlenmystik. Man zählt bei den Rosenkreuzern 777 Adepten des siebten Grades und nimmt als Gesamtzahl aller möglichen Inkarnationen diese Menge an. Aleister Crowley bezeichnet die 777 als „das flammende Schwert, das den Menschen aus dem Paradiese vertrieb".

1001 Die Märchen aus „Tausendundeiner Nacht" führen in ungemessene Weiten; die Anzahl 1001, obwohl es tatsächlich nur gut 300 Märchen sind, erklärt sich aus dem Wunsch, das Erzählen möge nie zu Ende gehen – der Hoffnung auf Unendlichkeit. Nur eines mehr als die große dezimale Abschlusszahl, das symbolisiert die Hoffnung der Menschen, dem gnadenlosen System der Zahlengesetzmäßigkeit vielleicht doch noch ein Schnippchen schlagen zu können.

10 000 Lange Zeit das gedankliche Ende der Dezimalserie. In China bedeutet 10 000 Unsterblichkeit, 10 000 Freuden sind alle vorstellbaren und existierenden. Auch der Ausdruck „die oberen Zehntausend" erinnert noch an dieses Vollständigkeits- und Ausschließlichkeitssymbol, aber die Wert- und Sinninflation hat auch dieses Wort schon ergriffen, es gibt bereits die „oberen Hunderttausend".

823 543 Eine derart ungerade und zufällig wirkende Zahl als letzte? Das steht ihr schon zu, denn es ist die siebte Potenz der 7 und – als wollte sie nun unbedingt dieses Kapitel über Zahlen würdevoll beschließen – ihre Quersumme ist ebenfalls: 7.

Partnerschaft nach den Zahlen

Liebe und Partnerschaft vertragen sich auf den ersten Blick nicht besonders gut mit der mathematischen Kühle von Zahlen. Doch weit gefehlt: Mit Hilfe der Numerologie kann man eine ganze Menge über die Verträglichkeit eines Paares erfahren, indem man nämlich die Herzzahlen der beiden Liebenden miteinander vergleicht. Die Herzzahl eines Menschen ergibt sich ja aus der Summe aller Vokale in seinem Vor- und Nachnamen. Wir überprüfen also den „Gleichklang der Herzen". Und eine Beziehung hängt eben vom harmonischen Zusammenklang zweier Menschen ab – grundsätzliche Dissonanzen können auf Dauer auch vom klarsten Geist oder der angenehmsten Umgebung nicht übertönt werden. Sie müssen also zuerst die Herzzahl Ihres Partners ermitteln – ganz so, wie Sie Ihre eigene Herzzahl berechnet haben (siehe Seite 25). Zur Erinnerung: Die Herzzahl steht für Ihr Inneres, für das verborgene Ich, für die Gefühle und dafür, wie Sie selbst sich sehen.

Grundsätzliches zur Herzzahl konnten Sie bereits im Kapitel „Die Bedeutungen der Zahlen 1 bis 9" (Seite 28) nachlesen. Auf den folgenden Seiten erfahren Sie, was die Herzzahl über das emotionale Gerüst eines Menschen aussagt. Es werden wieder alle Herzzahlen von 1 bis 9 vorgestellt. Schlagen Sie hier Ihre Herzzahl nach. Zu jeder Herzzahl gibt es dann in Kombination alle 9 möglichen Partner-Herzzahlen. So können Sie ersehen, wie sich Ihre Herzzahl mit der Ihres Partners verträgt. Die Chancen und Gefahren einer jeden Konstellation werden immer aus Ihrer Sicht beschrieben. Wundern Sie sich daher also nicht, wenn zwei scheinbar gleiche Konstellationen unterschiedlich beschrieben werden. Wenn Sie also zum Beispiel die Herzzahl 3 haben und Ihr Partner die Herzzahl 7, dann stellt sich das anders dar, als wenn Sie die 7 haben und Ihr Partner die 3. Die entsprechenden Texte kann man auch gemeinsam lesen und darüber zu erhellenden Diskussionen und neuen Sichtweisen finden.

Ihre Herzzahl ist 1

Sie möchten geliebt werden, aber nicht für Ihr Aussehen und Auftreten, sondern für Ihren lebhaften Verstand und Ihr inneres Wesen, das oft nicht allzu leicht und nie auf den ersten Blick zu erkennen ist. Trotzdem sind Sie leicht von Lob und Komplimenten zu beeindrucken. Sie brauchen viel Licht um zu glänzen und glauben auch es zu verdienen – aber mit der Zeit werden Komplimente allein nicht ausreichen um Ihr Herz zu erreichen. Emotionen spielen für Sie eine wichtige Rolle und Sie sehen Liebe als Aufgabe an, der man sich konsequent zu stellen hat. Am glücklichsten sind Sie, wenn Sie die Partnerschaft „voll im Griff" haben, wenn also keine Unklarheiten und unausgesprochenen Gefühle im Raum stehen. Der andere sollte Gedanken und Gefühle sofort äußern und bei Problemen werden Sie darauf dringen, sie zu bewältigen. Sie möchten gerne die große Linie der Beziehung vorgeben, um die lästigen kleinen Details dürfen sich dann die anderen kümmern.

Ihr Partner hat die Herzzahl 1

Das wird mit Sicherheit keine leichte Beziehung werden, denn beide erstreben die Oberhand, was in Gefühlsdingen immer problematisch ist. Erkunden Sie erst einmal, ob der andere dieselben Vorstellungen von einer Partnerschaft hat. Wenn ja, lassen Sie sich gemeinsam im Glückstaumel der ersten Verliebtheit treiben – das ist für diese Konstellation das Beste. Damit es überhaupt eine Zukunft gibt, wird einer zurückstecken und sich um den Alltag der Liebe kümmern müssen. Sonst könnte diese Beziehung zu schnell an zu großen Erwartungen scheitern. Probleme bereiten möglicherweise die übersteigerten Ansprüche.
Thema: Liebe muss auch im Alltag bestehen können.

Ihr Partner hat die Herzzahl 2

In einer solchen Beziehung sind Neid und Gefühlsschwäche zu erwarten. Nicht unbedingt von Ihnen, aber möglicherweise leidet Ihr Partner

unter Ihrer starken Emotionalität und glaubt, sein Defizit mit bitteren Spielchen kompensieren zu müssen. Dabei ist sein Gefühl durchaus so stark wie Ihres, aber Sie lassen ihn zu oft daran zweifeln. Auf jeden Fall ist mit einem freundlichen Umgang zu rechnen, der – wenn Sie selbst an sich arbeiten und dem anderen Freiräume öffnen – zur Beseitigung überhöhter Erwartungen führen kann. Sie haben die Chance zum gemeinsamen Wachsen.
Thema: Grundloses Zweifeln.

Ihr Partner hat die Herzzahl 3

Eine schöne und harmonische Beziehung ist angesagt, solange Sie selbst sie nicht torpedieren. Der andere bietet Ihnen ständig hilfreiche Auswege an, wenn Probleme auftauchen – und Probleme werden zwangsläufig auftauchen, denn Sie werden Ihr überstarkes Gefühl oft an seinem messen und dabei den Verdacht aussprechen, nicht genügend geliebt zu werden. Am freundlichen Wesen Ihres Partners können Ihre Ansprüche genesen, bis sich beide auf ein harmonisches und glückliches Gleichmaß eingespielt haben. Ihre Neigung, den anderen zu unterschätzen (und damit gleichzeitg gering zu schätzen), wird Sie zu ernsthafter Selbstbetrachtung zwingen. Sonst setzen Sie eine schöne Partnerschaft aufs Spiel.
Thema: Liebe muss Freundschaft nicht ausschließen.

Ihr Partner hat die Herzzahl 4

An diesem Menschen werden Sie sich reiben – aber letztendlich wird das beiden gut tun. Wenn Sie sich erst einmal über Ihre Gefühle im Klaren sind, kann die Arbeit beginnen. Arbeit? In der Liebe? Das mögen Sie überhaupt nicht. Aber genau darum geht es in dieser Beziehung. Sie werden an sich und an der gemeinsamen Partnerschaft arbeiten müssen. Wie das geht, das zeigt Ihnen Ihr Partner überdeutlich. Dabei werden Sie Ihre Ansprüche und Vorlieben einer kritischen Überprüfung unterziehen müssen – und schließlich ein gemeinsames Thema finden, das beide sehr

glücklich machen kann. An Hindernissen wächst die Vertrautheit, an Widerständen zeigt sich die Basis der Gemeinsamkeit.
Thema: Liebe ist auch Arbeit.

Ihr Partner hat die Herzzahl 5

Eine Partnerschaft, wie man sie oft in der Jugend findet und schätzt. Alles scheint bestens zu passen, man ist glücklich und immer unterwegs, man empfindet den anderen als anregend und verführerisch, nur die Ernsthaftigkeit eines großen Gefühls bleibt aus. Möglicherweise auch die Stabilität, die eine echte Partnerschaft ausmachen sollte. Vieles bleibt zu ungenau, zu vage und ungreifbar. Anfangs wird Sie das eher reizen als nachdenklich machen, aber mit der Zeit könnten Sie diese Beziehung in Frage stellen. Unabhängigkeit hat ihre Grenzen, nämlich da, wo sie dem Partner als taktisches Ausweichen erscheint.
Thema: Liebe heißt, sich ganz auf den anderen einlassen.

Ihr Partner hat die Herzzahl 6

Allzu viel kann man zu dieser Konstellation nicht sagen, höchstens dass Sie sich eine gute Zeit gönnen sollten, solange die Beziehung dauert. Denn hier investieren nur Sie, weniger der andere, und zwar auf allen Ebenen. Man könnte diese Partnerschaft auch als eine kostspielige Erfahrung verstehen, als ein Lehrstück an Abhängigkeit und Verstellung. Ihre Vorstellung von Liebe und Vertrauen wird mit der Ihres Partners kaum übereinstimmen, erstaunlich wäre es schon, wenn er sie überhaupt verstünde. Versuchen Sie nur nicht, für ihn das eigene innere Wesen zu verändern. Abgesehen davon, dass das gar nicht geht, würde es nur unnötig wehtun.
Thema: Zwei verschiedene Vorstellungen von Liebe prallen aufeinander.

Ihr Partner hat die Herzzahl 7

In dieser Beziehung liegt möglicherweise Ihr Schlüssel zur Zukunft – der andere will Ihr Bestes und hat beschlossen, tatkräftig daran zu arbeiten.

Ihre Herzzahl ist 1

Diese Partnerschaft könnte allein deshalb die beste werden, weil sich Ihr Partner derart bedingungslos zur Zweisamkeit bekennt, dass er jedes Hindernis unweigerlich bezwingen kann. Sie können in dieser Beziehung alles finden – Freundschaft, Erotik, Solidarität und Stärke. Es könnte nur das kleine Problem auftauchen, dass Sie selbst sich von dieser Stärke derart übermannt fühlen, dass sie dagegen ankämpfen. Denn schließlich soll doch Stärke von Ihnen ausgehen.
Thema: Fallen lassen und genießen.

Ihr Partner hat die Herzzahl 8
In dieser Partnerschaft sind die Gegensätze schon nach kürzester Zeit zu erkennen – und man müsste ständig die Augen zusammenkneifen (was Ihr Partner besser kann als Sie), um dieses Problem zu ignorieren. Ansprüche und Ziele scheinen sich für beide kaum unter einen Hut bringen zu lassen – aber gerade darin liegt die Chance dieser Verbindung. Wenn Ihr Herz der Basis dieser Beziehung vertraut, können Sie eine starke und dauerhafte Partnerschaft finden. Nein, finden sicher nicht – Sie werden sie sich beide hart erarbeiten müssen. Und es ist eben die Frage, ob das beide wollen.
Thema: Liebe ist ein 24-Stunden-Job.

Ihr Partner hat die Herzzahl 9
Ein Stichwort bei dieser Konstellation lautet: Schutz. Tatsächlich werden Sie mit diesem Partner sehr schnell das Gefühl einer starken, unverletzlichen Einheit bekommen. Das ist eine gute Basis für eine Partnerschaft, aber ob sie reicht? Das liegt nun an Ihnen. Übersteigerte Fantasien von ewig brennender Liebe und grenzenloser Leidenschaft werden sich in dieser Beziehung kaum erfüllen, dafür aber sichere Freundschaft, starke Emotionen und Sicherheit angesichts einer unsicheren Zukunft – das kann Ihnen dieser Partner bieten. Gerade wer an die Gründung einer Familie denkt, sollte diese Qualitäten nicht gering schätzen.
Thema: Liebe muss nicht erstarrt sein, wenn sie fest ist.

Ihre Herzzahl ist 2

Ihr Wesen neigt allen schönen und luxuriösen Dingen des Lebens zu, so auch einer ganz besonderen Liebe – voller Romantik, Leidenschaft und Zärtlichkeit, Vertrauen und nie erlöschender Sehnsucht. Sie werden selbst zugeben müssen, dass solche Ansprüche ein bisschen schwer zu erfüllen sind. Ihr Bedürfnis nach zärtlicher Fürsorge wird oft durch Ihre scharfe Zunge torpediert und obwohl Sie hart und hemmungslos über andere urteilen, reagieren Sie selbst äußerst empfindlich auf Kritik. Sie betrachten die Liebe meist als ein kompliziertes Spiel, in dem Taktik und Raffinesse wichtiger sind als schlichte Gefühle, aber Sie sollten eben diese klaren Gefühle nicht gering schätzen. Es stimmt schon, dass nichts im Leben so einfach ist, nur schwarz oder weiß, aber Ihre übersteigerte Nachdenklichkeit in Liebesdingen bremst Sie nur unnötig. Sicherlich brauchen Sie einen ganz besonderen Menschen, aber wenn Sie ihn endlich gefunden haben, lassen Sie sich bitte auch auf ihn ein und versuchen Sie nicht, ihn zu „bilden" und an ein übersteigertes Idealbild heranzuerziehen. Denn die Entwicklung der Beziehung darf nie die Voraussetzung für eine erfüllte Liebe sein.

Ihr Partner hat die Herzzahl 1

Sie werden es von Anfang an gemerkt haben: Hier stimmt das Kräfteverhältnis nicht. Sie fühlen sich als der schwächere Teil und sind verbittert. Mit der Zeit kann aus diesem Ungleichgewicht auch etwas Gutes entstehen, aber nur, wenn Sie an Ihrem Selbstwertgefühl arbeiten und den Partner nicht als Diktator verteufeln. Schließlich beweist er Ihnen seine Zuneigung doch immer wieder und kann in seiner strahlenden Selbstsicherheit Ihre Gefühle nur schwer nachempfinden. Machen Sie ihm Ihre Schwierigkeiten klar, aber verzichten Sie auf Vorwürfe. Sie können in dieser Beziehung nur profitieren, lernen und wachsen. Diese Partnerschaft kann äußerst hilfreich sein, wenn Sie sich ganz darauf einlassen. *Thema:* Am anderen wachsen.

Ihr Partner hat die Herzzahl 2

Diese Beziehung kann von großer Kooperation und Solidarität getragen sein, denn schließlich verstehen Sie die kleinen Winkelzüge und Heimlichkeiten des anderen nur zu gut und messen ihnen den Stellenwert zu, den sie in Wirklichkeit haben – nämlich keinen. Sie können sich gegenseitig entwickeln und ihre besten Kräfte austauschen, die der Kreativität, der spontanen Lust und Romantik. Sie können sich umsorgen und das gemeinsame Heim so gemütlich und schön einrichten, wie Sie es beide erträumen. Nur eines sollten Sie vermeiden: dem anderen die Fehler vorzuwerfen, an denen Sie selbst so überdeutlich leiden. Lenken Sie nicht von sich ab, sondern sehen Sie Ihren Partner als Chance, sich selbst besser kennen zu lernen.
Thema: Der Partner als Spiegelbild.

Ihr Partner hat die Herzzahl 3

Das könnte für eine stabile Beziehung stehen, für ein sicheres Heim und sogar für eine glückliche Familie, wenn … ja, wenn in Ihnen nicht dieser starke Drang nach Romantik und das irrationale Gefühl, ständig missverstanden zu werden, steckte. Akzeptieren Sie den anderen als Ratgeber und lassen Sie sich auf seine Vorschläge für eine Partnerschaft ein – Ihre eigenen könnte er ohnehin nie erfüllen. Und seine sind für Sie bestimmt die bessere Wahl. Das mag hart klingen, aber nach ein paar Missgriffen in Liebesdingen werden Sie daran glauben müssen. Auch wenn es nach außen hin nicht die große Leidenschaft zu sein scheint (und die Außendarstellung ist Ihnen sehr wichtig), birgt diese Beziehung eine große, versöhnliche Chance für Sie.
Thema: Sich auf den anderen einzulassen, heißt nicht, sich selbst aufzugeben.

Ihr Partner hat die Herzzahl 4

Auch wenn Sie in dieser Partnerschaft oft ein irritierendes Gefühl beschleichen sollte – vertrauen Sie dem spontanen Beschluss, der Sie zu

dieser Beziehung angeregt hat. Nach Ihrem Naturell sollte es schneller gehen, aber so geht es wahrscheinlich besser. Verzögerungen sind in dieser Beziehung an der Tagesordnung und es bedeutet tatsächlich für ein leidenschaftliches und romantisches Wesen, wie Sie es sind, eine schwere Prüfung, sich dem Tempo der Entwicklung anzupassen. Doch der Lohn der Langsamkeit kann sich sehen lassen. In dieser Partnerschaft werden Sie über kurz oder lang (eher lang) das Gefühl finden, von dem Sie schon immer geträumt haben: eine Zweisamkeit, die beides bietet, Nähe und Freizügigkeit.
Thema: Liebe als Geduldsspiel.

Ihr Partner hat die Herzzahl 5
Keine leichte Partnerschaft und wahrscheinlich ist sie auch nicht von langer Dauer. Beide finden in dieser Konstellation zu viele Reibungspunkte, die nicht vollständig ausgeräumt werden können. Schließlich geht es um Grundsatzfragen und das kann nur gut gehen, wenn beide eine sehr selbstbewusste und weltentrückt-heitere Selbstsicht an den Tag legen. Die Voraussetzungen für eine lebenslange Partnerschaft oder eine Familiengründung sind nicht eben die besten, aber das Potential für eine kurze und intensive Leidenschaft ist geradezu perfekt. Suchen Sie das Glück lieber im schnellen Feuersturm und versuchen Sie erst gar nicht, den anderen zu analysieren oder gar „zurechtzubiegen". Das würde nur Ihr Glück versauern – auch wenn es nur kurz währt.
Thema: Die Dauer entscheidet nicht über die Stärke der Liebe.

Ihr Partner hat die Herzzahl 6
Es ist heutzutage äußerst unpassend, wenn man eine Partnerschaft als „nützlich" bezeichnet. Aber gerade das kann diese Beziehung sein – nützlich als Wachstumshilfe, als Herausforderung, als Entwicklungsphase, nützlich sogar in finanzieller Hinsicht. Sie haben einen Partner getroffen, der Ihnen viel bietet, und zwar in jeder Hinsicht. Stoßen Sie diese Angebote nicht zu schnell zurück, etwa aus Eitelkeit oder falsch

verstandener Selbständigkeit. Der andere will Sie nicht kaufen, er will Sie nicht einmal besitzen – er will nur seine Qualität des Gebens ausleben. Sie können nun Nehmen lernen, das gehört schließlich auch zur Liebe. Jeder gibt, was er kann – und der andere nimmt, was er will.
Thema: Liebe ist ein Austausch.

Ihr Partner hat die Herzzahl 7

Dieser Partner birgt die Chance zu einer tiefen und langen Beziehung, die beide glücklich macht. Aber er ist für Sie eine echte Herausforderung. Denn sein klares Urteil und seine brutale Offenheit können Sie verärgern und verletzen. Auch wenn Sie spüren, dass er nur aus Liebe bis an die Schmerzgrenze ehrlich ist, kann man das oft nicht ertragen. Lernen Sie es! Dann eröffnen sich Ihnen durch diesen gegensätzlichen Menschen eine wichtige Ergänzung und die Hoffnung auf das große Glück.
Thema: Liebe als Entwicklungshilfe.

Ihr Partner hat die Herzzahl 8

Hier haben Sie es leicht, vielleicht zu leicht. Ob ihnen diese Beziehung gut tut, ist nicht gesagt. Zu dienend und freundlich ist der andere und er vergibt zu leicht – jedenfalls für Sie. Denn Sie brauchen eine rauhe Schale, an der Sie sich reiben können, und einen weichen, liebevollen Kern natürlich. Den hat der andere auf jeden Fall und genau aus diesem Grund könnnte die Beziehung mit ihm für Sie schnell langweilig werden. Es ist „zu wenig los" für Ihr Gefühl. Sie verwechseln Romantik nicht mit ständigem Streicheln und Nach-dem-Mund-Reden, aber Ihr Partner tut es. Diese Konstellation könnte eine gute und dauerhafte Freundschaft bedeuten, aber kaum eine beständige Liebe und Partnerschaft.
Thema: Zu lieblich für die Liebe.

Ihr Partner hat die Herzzahl 9

Hier können Sie die Lebensliebe finden, auf jeden Fall eine stabile und glückliche Partnerschaft, die Kinder und Familienleben trägt. Der

andere bietet Ihnen seinen Schutz an und Sie können ihn annehmen, ohne sich gleich klein und schwach dabei zu fühlen. Schätzen Sie sich glücklich, dass Sie diesen Partner gefunden haben, und zügeln Sie Ihre spontanen Empfindungen, der recht schnell eintretenden „Ernsthaftigkeit" zu misstrauen und sie als mangelnde Romantik zu verachten. Sie sind nun für Leidenschaft und Spontanität zuständig und der andere wird Ihre diesbezüglichen Bemühungen dankbar annehmen.
Thema: Eine starke Liebe mit festgelegten Rollen.

Ihre Herzzahl ist 3

Eigentlich sind Sie schüchtern, aber das wird Ihnen niemand glauben. Denn Ihr Auftreten ist so gewandt, spritzig und souverän, dass nur jemand, der ebenfalls die Herzzahl 3 hat, nachvollziehen kann, wie viel Überwindung es Sie jedes Mal kostet, diese Rolle zu spielen. Aber Sie spielen sie nicht aus Lust an der Selbstdarstellung, Sie sind einfach vom Wunsch getrieben geliebt zu werden – Sie flirten gerne und sehr gut, Sie ertragen keine Langeweile und überwinden träge Situationen zur Not in großer Selbstaufopferung, Sie sprühen vor Witz und Esprit und Sie lieben das Leben – jedenfalls das romantische und luxuriöse. Die Erotik ist ein wichtiger Teil dieses Lebens: Sie genießen Sexualität in vollen Zügen und lassen Ihren Fantasien freien Lauf. Für eine große Leidenschaft bringen Sie auch große Opfer – und wissen gleichzeitig schon, dass Sie vielleicht auch großes Leid erfahren können.

Ihr Partner hat die Herzzahl 1

Diese Partnerschaft könnte ganz nach ihrem Gusto sein, wäre da nicht ein ganz kleiner, fader Beigeschmack, den Sie diesem freundlich-hilfreichen Menschen an Ihrer Seite zuschreiben. Es stimmt, dass dieser Partner Ihren hohen Ansprüchen von der Liebe nicht ganz entspricht – dafür ist er zuverlässig und großzügig in jeder Beziehung. Hier zeigt sich ein Altersphänomen: Wenn Sie noch nicht 30 sind, werden Sie diese Bezie-

hung nicht lange aufrechterhalten können, jenseits der 30 ziehen Sie das wenigstens in Betracht. Und das könnte Ihr großes Glück sein, denn mit diesem Partner kehren Ruhe und Zufriedenheit in Ihr Leben ein. Und Sie werden merken, dass Sie tatsächlich nichts versäumen.
Thema: Liebe als Bewusstwerdungsprozess.

Ihr Partner hat die Herzzahl 2

Auf den ersten Blick könnte man meinen – und haben wahrscheinlich auch Sie gemeint –, dies wäre eine perfekte Verbindung. In Wahrheit ist die scheinbare Ähnlichkeit ein Maskenspiel, bei dem Sie nur etwas Rouge aufgelegt haben, während der andere unter einem Karnevals-Make-up steckt. So viel zur Ähnlichkeit. Nach der ersten Nacht sollte das Missverständnis eigentlich spätestens aufgeklärt sein. Und trotzdem bleiben Menschen in dieser Konstellation oft länger zusammen, als es beiden lieb sein kann. Einer solchen Verbindung haftet etwas Masochistisches an, um nicht zu sagen eine gewaltige Energieverschwendung. Zum Guten wenden kann sie sich nur, wenn tief greifende Änderungen bei beiden stattfinden – der eine muss sein Gesicht finden, der andere muss ihn auch ungeschminkt akzeptieren.
Thema: Liebe mit Verwechslungen.

Ihr Partner hat die Herzzahl 3

Das könnte ein lebenslanger Champagner-Walzer unterm Feuerwerk werden. Wer so etwas aushält, für den ist dieser Partner dringend zu empfehlen. Eigentlich ja genau das Richtige für Sie. Da er für Sie so ein exaktes Spiegelbild ist, könnte allerdings ein Problem auftauchen, nämlich das, dass man sich selbst plötzlich ganz genau sieht, mit all den kleinen Unbestimmtheiten, Verlustängsten und Verdachtsmomenten. Dieser knallharte Spiegel kann jedoch sehr anregend für die eigene Entwicklung sein. Wenn sich gar der Partner gleichzeitig mitentwickelt, steht einer langen und beständigen Partnerschaft nichts mehr im Wege.
Thema: Gemeinsam wachsen an der Liebe.

Ihr Partner hat die Herzzahl 4

Lange werden Sie es mit diesem Partner wohl nicht aushalten, denn seine Ambitionen und seine Weltsicht sind zu gegensätzlich zu ihren. Trotzdem hat er einen Zug, der Sie magisch anzieht. Überlegen Sie genau, warum das wohl so sein könnte. Ist es vielleicht etwas, was Sie selbst an sich vermissen? Dann lernen Sie bei ihm möglichst viel über diesen Lebensaspekt und genießen Sie die Zeit, solange Sie mit ihm zusammen sind.
Thema: Liebe als Rettungsring für eigenes Unvermögen.

Ihr Partner hat die Herzzahl 5

Ausgerechnet einem spontanen und lebenslustigen Menschen wie Ihnen bietet der Partner „Unterweisung" an. Er müsste doch sehen, dass ein Lehrmeister das Letzte ist, was Sie brauchen können. Täuschen Sie sich nicht – die Aufmerksamkeit, die Sie ihm schenken, hat nichts mit ungläubiger Neugierde zu tun. Er berührt einen Punkt tief unter Ihrer Schale aus Lebenslust, der wichtig zu sein scheint. Und ebenso berühren Sie einen Punkt – den des hemmungslosen Sich-gehen-Lassens –, den er bei sich gar nicht vermutet hätte. Sie können spannende Erfahrungen aneinander und miteinander machen. Tauschen Sie sich aus, tauchen Sie ein und fordern Sie ihn heraus – und betrachten Sie nach erfolgtem Tauchgang die Beziehung kritisch und ohne Sentimentalität. Hat sich eine tragfähige Gemeinsamkeit ergeben? Dann sind Sie zu beglückwünschen. Ist der andere Ihnen noch so fremd wie am ersten Tag? Dann sollten Sie auch die Konsequenzen ziehen.
Thema: Die Liebe kämpft mit Gegensätzen.

Der Partner hat die Herzzahl 6

Eine Konstellation zum Jubilieren. Ihrem bunten und leidenschaftlichen Wesen hat sich ein anderes zugesellt, das die gleichen Qualitäten hat – vielleicht sogar in ausgeformterer und reiferer Weise. Sie verstehen sich und stellen immer mehr Gemeinsamkeiten fest. So haben Sie ein gutes Fundament für eine glückliche und lange Beziehung, vor allem weil Ihre

Ziele übereinstimmen – auch wenn die Lebenswege bis jetzt äußerst unterschiedlich gewesen sein mögen. Sie akzeptieren den anderen und spüren, dass auch er Sie so nimmt, wie Sie sind, ohne Zurückweisung einer Seite oder Unverständnis. Zusammen mit Ihnen wird er neue Gemeinsamkeiten ausloten.
Thema: Liebe der Entsprechungen.

Ihr Partner hat die Herzzahl 7
Was Sie an diesem Partner gleichzeitig anzieht und abstößt, ist seine Unabhängigkeit. Im schlimmsten Fall bezeichnen Sie diese Haltung als unachtsamen Egoismus, bei dem kein Platz für einen anderen Menschen ist – im besten Fall als interessante Ausprägung eines liebenswürdigen Egozentrikers. Sie haben wahrscheinlich mit beidem recht. Es fragt sich nur, ob Sie diesen Menschen erstens an sich binden können, zweitens auf Dauer überhaupt aushalten und drittens seine Unabhängigkeit (die vermutlich nur ein Ausdruck von Bindungsangst ist) auch nach Jahren noch interessant finden werden. Genießen Sie lieber den Augenblick, denn Ihre erotischen Fantasien werden Sie mit diesem Partner bestimmt befriedigen können.
Thema: Liebe, die mit Selbstliebe wetteifert.

Ihr Partner hat die Herzzahl 8
In dieser Beziehung werden Sie die Initiative ergreifen müssen, denn der andere sieht Sie höchstens als anbetungswürdiges Wesen oder als ständige Verführung an – er ist nicht in der Lage, sich mit Ihnen eine stabile und ernsthafte Beziehung vorzustellen. Dann übernehmen Sie diese Rolle eben! Sie haben alle Fäden in der Hand, und das kommt Ihrem dynamischen Naturell sehr entgegen. Denken Sie aber lieber nicht an Ehe und Familie, es sei denn, Sie ertragen es, Vater, Mutter und Eheberater gleichzeitig zu sein. Auf eines können Sie aber schon zählen: dass es eine leidenschaftliche Affäre wird.
Thema: Liebe im Ungleichgewicht.

Der Partner hat die Herzzahl 9

Eine große Übereinstimmung prägt diese Partnerschaft. Sie können sich ganz fallen lassen und sich sicher sein, dass der andere Sie auffängt und trägt, auch in Situationen, in denen Sie sich vor jedem anderen schämen würden. Sie tragen sich gegenseitig, ja meistens vergraben Sie sich ineinander. Das Thema Sexualität ist bei beiden Partnern stark ausgeprägt. Sie fragen sich nicht, ob diese Beziehung wohl dauern wird, denn Sie sind beide zu stark damit beschäftigt, nicht in ihr zu ertrinken. Aus der Leidenschaft wird ganz automatisch eine stabile Liebe werden, die Sie beide mit etwas Aufmerksamkeit bis ans Lebensende erhalten können.
Thema: Glückliche Liebe.

Ihre Herzzahl ist 4

Ihre Vorstellungen von Liebe und Partnerschaft erscheinen vielleicht vielen nicht ganz zeitgemäß und tatsächlich passen Sie in dieser Hinsicht wohl besser ins letzte Jahrhundert. Sie sind bereit auf jedem Gebiet das Beste zu geben, sind hochmotiviert und wollen Ergebnisse sehen – aber das verträgt sich mit Liebesdingen nicht immer. Dabei sind Sie kein strenger, kopflastiger Mensch, Sie haben durchaus Gespür für Rhythmus und Harmonie, für Kunst und Stil. Aber Sie sind alles andere als ein Träumer oder Romantiker, dazu hängen Sie zu sehr an der Welt der Fakten und der Logik. In der Partnerschaft fällt es Ihnen schwer, die Gesichtspunkte des anderen nachzuvollziehen und sich in den Partner hineinzuversetzen. Partnerschaft sollte nach Ihren Vorstellungen ein einfaches System sein, in dem man sich mit irgendwann einmal beschlossenen Regeln einrichtet und in dem man immer ruhen kann. Das kann leicht zur Routine werden.

Ihr Partner hat die Herzzahl 1

Auf jeden Fall fühlen sie und Ihr Partner sich stark zueinander hingezogen. Sie haben eine stabile und auch ernsthafte Basis, die einen guten Grundstock für eine Partnerschaft abgibt. Sie stehen sich aber auch

Ihre Herzzahl ist 4

durchaus kritisch gegenüber und sparen nicht an Offenheit. Diese Offenheit kann die Grenze der Verletzung sehr leicht überschreiten und dann reagieren Sie weniger verletzt als unverstanden. Sie glauben, Ihr Partner müsste Ihre Lebensdogmen wenn nicht fraglos übernehmen, so doch verstehen und akzeptieren. Wenn Sie diese Vorstellung revidieren, kann sich diese Beziehung durchaus vorteilhaft entwickeln – die brennende Leidenschaft wird es jedoch kaum werden. Aber das haben Sie wohl auch nicht erwartet.
Thema: Liebe kann auch Knochenarbeit sein.

Ihr Partner hat die Herzzahl 2

Eine am Praktischen orientierte Beziehung, die nichts von flackernder Leidenschaft und verrückten Ausbrüchen in sich trägt, sondern eher an eine Vernunftehe erinnert. Zwar kann sich auch da die Liebe entwickeln, doch das geschieht eher zäh und ist nicht unbedingt das Hauptanliegen der Partner. Wenn man gemeinsam weiterkommen will und stabile wirtschaftliche Verhältnisse im Auge hat, ist diese Konstellation allerdings sehr glücklich. Und darauf legen Sie vermutlich auch mehr Wert als auf wilde Leidenschaft. In dieser Beziehung kann auch eine Familie gedeihen und Kinder können unter verantwortungsvoller Führung aufwachsen.
Thema: Liebe mit Verantwortung.

Ihr Partner hat die Herzzahl 3

Manchmal wissen Sie vielleicht nicht, was Sie mit diesem Menschen anfangen sollen. In bestimmten Momenten ist er Ihnen einfach fremd. Keine Sorge, das geht dem anderen bestimmt auch so. Sie sind auf vielen Ebenen sehr verschieden und müssen sich bemühen, sich an den wenigen vertrauten Orten der Gemeinsamkeit zu treffen und dort lange zu verharren. Akzeptieren Sie, dass beide in dieser Beziehung viel Freiraum brauchen – nicht weil beide so freiheitsliebende Menschen sind, sondern weil sie viel Zeit für die jeweiligen Interessen benötigen, die der andere

nicht zu teilen vermag. Trotzdem kann daraus eine stabile Partnerschaft entstehen, solange nicht einer von beiden das Gefühl hat, zu kurz zu kommen, und in dieser Beziehung einen Verlust sieht.
Thema: Liebe auf dünnen Beinen.

Ihr Partner hat die Herzzahl 4

Von außen betrachtet werden sie beide sicher nicht als romantisches Liebespaar gesehen, trotzdem wird jeder erstaunt über die betonhafte Stabilität des gemeinsamen Fundaments sein, das diese Beziehung ausmacht. Tatsächlich haben Sie einen Menschen gefunden, der nicht darunter leidet, dass diese Beziehung nicht dem entspricht, was die Gesellschaft offiziell als Liebe definiert. Sie selbst sind hocherfreut über diesen Partner, der scheinbar Ihr innerstes Wesen kopiert hat, dem kein Signal der Sympathie und Zuwendung zu klein ist, um wahrgenommen zu werden, und der Sie ruhig und stetig liebt. Zwar meist unausgesprochen, aber in Taten doch sehr deutlich.
Thema: Liebe als sicherer Hafen.

Ihr Partner hat die Herzzahl 5

Diese Konstellation deutet auf eine unreife Form der Partnerschaft hin, die wohl auch von außen her als solche wahrgenommen wird. Verhaltensweisen zwischen den Partnern haben oft einen kindlichen Charakter, was eigentlich nicht zu Ihrer Grundstimmung passt. Tatsächlich dürften Sie sich in dieser Beziehung auch mehr und mehr unwohl fühlen, denn Ihre Hoffnung, dass sich daraus etwas entwickeln möchte, wird vermutlich immer wieder enttäuscht. Ernsthaftigkeit und Stabilität verweigert der Partner nur zu deutlich und es bleiben Ihnen nur die Alternativen, sich damit abzufinden und selbst etwas Kindliches und Unbeschwertes zu entwickeln – oder die Beziehung zu beenden. Manchmal zeigt diese Konstellation allerdings auch die Chance zu einer gleichmäßigen gemeinsamen Entwicklung an, auf einen gleichzeitigen „Zieleinlauf".
Thema: Kinderliebe.

Ihr Partner hat die Herzzahl 6

Etwa Herzloses scheint in dieser Partnerschaft zu stecken – das sieht eher nach einer Geschäftsbeziehung aus. Nun ist es ja nicht gesagt, dass eine Partnerschaft unbedingt auch heiße Liebe mit einschließt. In diesem Fall spricht man am besten von kühler Achtung. Intelligente und niveauvolle Kamingespräche sind sicher häufiger als Umarmungen und die Sexualität dient eher der Sorge um intelligenten und niveauvollen Nachwuchs als der Befriedigung der Lust. Wenn Sie definitiv beschlossen haben, dass Ihre Angst vor Öffnung größer ist als die vor einer ungewissen Zukunft, dann bleiben Sie dabei. Dann haben Sie ein sicheres Haus gefunden.
Thema: Liebe als Zuflucht.

Ihr Partner hat die Herzzahl 7

Diese Konstellation steht (zunächst) für Konflikte und Streit. Auch wenn die Beziehung momentan in Ordnung zu sein scheint, ist der Ton zwischen den Partnern doch nicht unbedingt liebevoll. In dieser rüden Atmosphäre kann es wohl kein Liebesglück geben – sollte man denken. Doch erstaunlicherweise entwickelt sich eine solche Partnerschaft meist lange und ergiebig, in familiärer wie wirtschaftlicher Hinsicht. Sie erinnert ein wenig an die früheren Heiraten zwischen Großbauern: Der – materielle – Grundstock steht felsenfest, eine Art von Liebe kommt dann schon nach. Leicht und leidenschaftlich wird sie nicht sein, das bleibt der nächsten Generation vorbehalten – sofern sie nichts von ihren Eltern annimmt.
Thema: Liebe als Geschäft.

Ihr Partner hat die Herzzahl 8

In dieser Konstellation können beide ihre Herzen öffnen – und sie tun es meist auch, und zwar sperrangelweit – so weit, dass die anderen neidisch werden. Nicht der leidenschaftliche Aspekt der Liebe steht hier im Vordergrund, sondern der vertraute, liebevolle und harmonische. Eines fehlt

völlig: Misstrauen. In dieser Partnerschaft entwickeln beide ein Maximum an Attraktivität, einfach weil sie sich gegenseitig bewundern. Eine besonders schöne Konstellation, die auch für Kinder ein eindrucksvolles Beispiel geben kann und ihr Leben positiv beeinflussen wird.
Thema: Liebe wortwörtlich.

Ihr Partner hat die Herzzahl 9

Hier entwickelt sich die Beziehung zu einem komplizierten Geflecht aus ungleichgewichtiger Partnerschaft und letztendlich glücklichem Meister-Schüler-Verhältnis. Wer der Meister und wer der Schüler ist, werden Sie sich nicht fragen müssen – doch Sie können sicher sein, dass sich die Rollen im Laufe dieser Beziehung noch einige Male verkehren werden. Leidenschaft findet man durchaus in dieser Partnerschaft, wenn auch vor allem im gegenseitigen Austausch von Argumenten und Lebenseinstellungen. Doch dabei wird auch die Erotik berührt, die sich nach ausufernden Diskussionen auf befreiende Weise entladen kann. So kann diese Partnerschaft bei aller Anstrengung stabil und glücklich werden.
Thema: Liebe als Schule.

Ihre Herzzahl ist 5

Liebe und Leidenschaften sind für Sie unverzichtbare Spielwiesen des Lebens und vermutlich haben Sie lange Zeit Liebeleien und Flirts ernsthaften Beziehungen vorgezogen, die verlangen, dass man sich auf den anderen einlässt. Aber nach und nach haben Sie die Liebe in all ihren Verlaufsformen kennen gelernt und sehnen sich nach dem einen Partner. Nur unterwerfen wollen Sie sich ihm in keinem Fall, jedenfalls nicht, wenn es allzu deutlich gefordert wird. Der Wunsch nach persönlicher Freiheit, nach geistiger und kreativer Weite und nach klugen Menschen ist Ihre Triebfeder. Sie sind abenteuerlich, reisefreudig, aufgeschlossen und hellwach – manchmal zu wach. Das übersteigerte Element in Ihnen, das leicht in hektische Nervosität ausarten kann, heißt es im Zaum zu halten.

Ihre Herzzahl ist 5

Ihr Partner hat die Herzzahl 1

Eine freundliche Partnerschaft, die von großem Respekt und Hilfsbereitschaft getragen ist. Darum sind Sie zu beneiden und wären wohl auch selbst ganz glücklich darin, wenn … ja wenn nicht die sanfte Ruhe und stabile Emotion so gar nicht zu Ihrem aufrührerischen Naturell passen würde. Im besten Fall sind Sie bereits so weit gereift, dass Sie diese Beziehung als späte Erfüllung eines wechselhaften Liebeslebens schätzen können. Dann sind Sie zu beglückwünschen. Wenn Sie jedoch noch wild herumtoben, wird auch der beste Rat nichts fruchten. Sie werden sich wohl erst noch die Hörner abstoßen müssen (das gilt für Männer wie für Frauen), ehe Sie reif für eine solche Liebe sind – vielleicht sogar mit demselben Partner.
Thema: Liebe, die man auch aushalten muss.

Ihr Partner hat die Herzzahl 2

Diese Partnerschaft werden Sie grundsätzlich als unbequem betrachten, denn der andere lässt Ihnen nicht die Freiheiten, die Sie für sich verlangen. Trotzdem ist die – meist kurze – Begegnung mit diesem Menschen anregend und von großem Nutzen für Sie. In dieser Zeit werden Sie viele glückliche Momente erleben, doch nach und nach werden Defizite auftreten (jedenfalls werden Sie das so empfinden), die Sie immer weiter von diesem Partner entfernen können. Nun müssen Sie sich entscheiden, ob Sie bereit für Partnerarbeit und persönliches Wachstum sind oder schnellstens das nächste Vergnügen suchen.
Thema: Kreuzweg der Liebe.

Ihr Partner hat die Herzzahl 3

Eine hilfreiche Konstellation, aber auch eine anstrengende. Beide Partner begegnen sich äußerst kritisch. Nicht dass Sie sich misstrauen, aber ihre verschiedenen Lebens- und Liebesauffassungen sind ein ständiger Streitpunkt. Vor lauter Selbstdarstellung und Diskussion kommt keiner richtig dazu, dem anderen zuzuhören und ihn anzunehmen. Wenn nicht

ein glücklicher Umstand eintritt oder einer der beiden plötzlich von unerwarteter Reife erfasst wird, kann diese Verbindung nicht von langer Dauer sein. Nach der Trennung wird man sich stärker nacheinander sehnen als vorher. Eine Konstellation, bei der es oft zu einem späteren Neuanfang kommt, der bessere Chancen hat.
Thema: Liebe wie bei Hund und Katze.

Ihr Partner hat die Herzzahl 4

Besonders tief ist diese Beziehung vermutlich nicht. Sie hat sich wohl einfach so ergeben. Man hat ein paar Ähnlichkeiten, ein paar Berührungspunkte, doch keiner investiert Zeit und Gefühl in diese Partnerschaft. Vielleicht würde einer ja gerne mehr geben, aber er argwöhnt, dass der andere diesen Aufwand nicht richtig würdigen könnte. Dieser pragmatische Ansatz lässt es eher unwahrscheinlich erscheinen, dass dieser Partnerschaft ein langes Bestehen beschieden ist.
Thema: Banale Liebe.

Ihr Partner hat die Herzzahl 5

Obwohl in dieser Konstellation kaum Fremdheit und Spannung auftreten, repräsentiert sie nicht die typische Liebesbeziehung – eher eine wunderbare Freundschaft zwischen Seelenverwandten. Versuchen Sie nicht, mehr daraus zu machen, und freuen Sie sich an dieser einzigartigen Freundschaft, die wahrscheinlich ein Leben lang halten wird. Auch wenn Sie nicht das Bett miteinander teilen und keine gemeinsamen Kinder haben werden. Aber diese Form der unverbrüchlichen Freundschaft, des rückhaltlosen Gebens und Nehmens ist so rar und wertvoll, dass sie Sie für alles reichhaltig entschädigen wird, was Sie hier nicht bekommen können.
Thema: Freunde fürs Leben.

Ihr Partner hat die Herzzahl 6

Eigentlich wollten Sie ja eine ganz andere Partnerschaft, eine aufregende, leidenschaftliche und kreative – so ist es eben eine freundlich-ruhige

Beziehung zu einem verlässlichen Menschen geworden. Sie werfen ihm das nicht etwa vor, aber in stillen (in allzu stillen) Momenten zieht doch eine wehe Ahnung durch Ihr Herz, dass es so wahrscheinlich nicht mehr lange weitergehen dürfte. Doch das haben ganz alleine Sie in der Hand und Sie müssen sich auch fragen, ob Sie einer fiktiven Partnerschaft hinterherjagen oder an dieser Zweisamkeit intensiv arbeiten wollen. Der andere wird es wahrscheinlich nicht tun. Man kann sich in Beziehungen einrichten, sie ausbauen und verschönern, so wie man eine Wohung einrichtet. Daran sollten Sie denken, wenn Sie mal wieder frustriert die Flügel hängen lassen.
Thema: Die Liebe will gepflegt werden.

Ihr Partner hat die Herzzahl 7
Hier würden wohl beide Partner das Wort „karg" wählen, wenn sie sich einmal ehrlich zu ihrer Beziehung äußern müssten. Das liegt weder an Ihnen noch am anderen; es liegt an dem Glauben, dass jeder mit jedem „kann". Nun, irgendwie mag das schon stimmen, aber nicht jeder kann mit jedem wachsen, fliegen, in Leidenschaft entbrennen. Seien Sie Ihrem Partner gegenüber ehrlich. Wecken Sie keine falschen Vorstellungen in ihm – denn wenn der Mensch auftaucht, der Sie zum Fliegen bringt, werden Sie wahrscheinlich wegflattern wie eine Möwe.
Thema: Warten auf die Liebe.

Ihr Partner hat die Herzzahl 8
In dieser Partnerschaft werden Sie sich eigenartig zerrissen fühlen: Eigentlich haben Sie ein gutes Gefühl dabei, glückliche Momente und sichtbare Entwicklungen prägen die Beziehung – und doch empfinden Sie den anderen oft als eigenartig kühl und unachtsam. Sie kommen nicht an den Menschen heran, der momentan der wichtigste in Ihrem Leben zu sein scheint. Ein Wechselbad der Gefühle also, aber was das Schlimmste dabei ist – Sie können diese Probleme nicht mit dem anderen teilen. Denn er versteht Sie entweder nicht oder er entzieht sich der Diskussion.

Die Chancen, tiefer in diesen Menschen einzudringen, sind nicht sehr groß. Und mit der Zeit werden Sie womöglich die Geduld verlieren.
Thema: Unterkühlte Liebe.

Ihr Partner hat die Herzzahl 9

In dieser Beziehung könnten Sie die Erfüllung finden – wenn Sie alt genug sind. Und in diesem Fall heißt alt nicht reich an Jahren, sondern an Reife und Erfahrung. Dann nämlich können Sie sich auf eine erfüllte Liebe freuen, die in einer stetig wachsenden Partnerschaft gipfelt. Wenn Sie glauben, für eine solche beständige Größe noch zu „klein" zu sein, wird diese Beziehung trotzdem ein wichtiger Meilenstein in Ihrer Entwicklung sein.
Thema: Reife Liebe.

Ihre Herzzahl ist 6

Sie sind einfach der geborene Partner – wenngleich auch nicht für jeden der perfekte. Aber Sie lieben es zu lieben, zu erobern, zu verwöhnen und sich verwöhnen zu lassen. Sie kümmern sich um das Wohlergehen Ihrer Lieben, egal ob das nun der Partner, die Kinder oder Freunde sind, und Sie nehmen Verantwortung gerne und mit sehr viel Pflichtgefühl auf sich. Nur eines ertragen Sie nicht: in einer unharmonischen Umgebung zu leben. Dieser Wesenszug macht Ihnen auch gehörig zu schaffen und manchmal übertreiben Sie Ihre Harmoniesucht auch. Lieber Probleme zu- als aufdecken, das ist Ihre Devise. Am glücklichsten sind Sie, wenn Sie sich um das Wohlergehen der anderen kümmern können.

Ihr Partner hat die Herzzahl 1

Mit diesem Partner können Sie glücklich werden, denn er nimmt Ihre Bemühungen um Harmonie gerne an. Er mag es auch nicht anders, kann es sich gar nicht anders vorstellen. Sie können ihn bewundern und verwöhnen, ohne zurückgewiesen zu werden. Und auf Ihre Harmoniesucht

hat er einen guten Einfluss – in seinem starken Windschatten können sogar Sie manchmal ein kleines Problem ansprechen. Obwohl das in dieser Beziehung kaum nötig sein wird, zu ausgeprägt ist die seelische und körperliche Bindung. Und die sexuelle Leidenschaft können Sie ebenfalls hemmungslos ausleben – eine wunderbare Chance, im Schutz dieses Menschen zu wachsen und die geheimsten Fantasien auszuloten und in der Realität zu erkunden.
Thema: Eine glückliche Liebe.

Ihr Partner hat die Herzzahl 2

Sie werden mit diesem Partner nicht weiterkommen, aber das ist ja auch nicht Ihre Absicht. Es reicht Ihnen, wenn Sie das Gefühl des Angenommenseins und die Bestätigung durch den anderen erleben. Ein kleines, stilles Glück, so könnte man diese Konstellation nennen. Das einzige Problem könnte sein, dass dem anderen dieses stille Glück vielleicht irgendwann nicht mehr reicht. Dann müssen Sie über Ihren Schatten springen und Konflikte nicht zudecken, sondern sich ihnen stellen und Lösungen anbieten. Leid vergeht nicht, wenn man es leugnet – es summiert sich nur klammheimlich. Bis es zu spät ist.
Thema: Beständige Liebe – stilles Glück.

Ihr Partner hat die Herzzahl 3

Mit diesem Partner erwächst Ihnen ein starker Verbündeter im Lebenskampf, vor dem Sie doch ständig zittern. Ihr Partner bereitet Ihnen ein starkes und sicheres Umfeld, erweist sich als Freund und Helfer und stützt Ihre schwachen Seiten. Und obendrein kann er Ihre starken Seiten genießen und zeigt Ihnen das auch deutlich – im Bett wie im Alltag. Miteinander und aneinander werden Sie wachsen und in dieser Beziehung Sinn und Freude erleben. Eine starke, tragfähige Basis zeigt diese Konstellation auf, ebenso den gemeinsamen Wunsch, eine Familie zu gründen und einen großen Freundeskreis zu pflegen.
Thema: Ein sicherer Hafen.

Ihr Partner hat die Herzzahl 4

Obwohl Sie sich doch so viel Mühe geben, scheint es in dieser Beziehung nicht so recht weiterzugehen. Der andere weist Sie zwar nicht ab, aber seine Vorstellungen von einer Partnerschaft vertragen sich so gar nicht mit den Ihren. Eine konservative und auf pure Beständigkeit gegründete Beziehung ist Ihnen eben doch zu wenig. Und auch mit all Ihrem Harmoniestreben können Sie den anderen nicht überzeugen, dass dieses gemeinsame Leben etwas mehr ist als ein Vertrag zum Über-Leben. Obwohl Sie grundsätzlich ähnliche Lebensziele verfolgen, fehlen Ihnen doch schmerzlich Zärtlichkeit und Hingabe – und auf die Dauer ist es zu wenig, wenn diese nur von einem Partner kommen.
Thema: Liebe mit Stacheln.

Ihr Partner hat die Herzzahl 5

Mit diesem Partner kann man sich ein glückliches Leben einrichten, wenn man ein paar Abstriche bei der eigenen Harmoniesucht macht. Aber das sollte Ihnen in diesem Fall einmal nicht so schwer fallen, denn der andere passt ansonsten perfekt zu Ihnen. Er teilt Ihre Zärtlichkeit und Lust zur Gemeinsamkeit – nur ist er der Meinung, dass in einer echten Beziehung auch mal die Fetzen fliegen sollten. Solange das leidenschaftlich im Bett passiert, sind Sie ganz zufrieden. Wenn er Ihrem Wesen zu nahe kommt und Eigenständigkeit fordert, müssen Sie eben auch einmal Farbe bekennen. Sie haben ein Profil und mit etwas Selbstüberwindung können Sie das auch herzeigen.
Thema: Leidenschaft und Seelenarbeit.

Ihr Partner hat die Herzzahl 6

Eigentlich die besten Voraussetzungen für eine glückliche Partnerschaft: Beide suchen liebevolle Sicherheit und vermeiden Streit, wo es nur geht. Genießen Sie die Atmosphäre freundlicher Kooperation und die beruhigende Sicherheit einer stabilen Beziehung, so lange es nur geht. Denn irgendwann werden auch Sie (oder Ihr so ähnlicher Partner) das Gefühl

haben, dass diese perfekte Harmonie anfängt quälend zu werden. Im besten Fall bemerken Sie das beide gleichzeitig und können ihrer Partnerschaft neue Impulse geben. Stehen bleiben ist auf jeden Fall nicht zu empfehlen.
Thema: Gefährliche Ähnlichkeit.

Ihr Partner hat die Herzzahl 7

So richtig glücklich werden Sie mit diesem Partner wohl nicht sein. Wäre er nur ein Kollege, ein Geschäftsfreund oder ein guter Bekannter, dann könnten sich aus dieser Verbindung kreative Anregungen und Inspiration ergeben. So entfernt fühlen Sie sich gegenüber diesem Menschen, dem Sie doch tagtäglich näher kommen wollen. Doch so sehr Sie auch auf ihn zugehen, er weicht immer um dasselbe Maß zurück. Keine gute Voraussetzung für eine erfüllte Partnerschaft. Und nun müssen Sie etwas tun, was Ihrem Harmoniegefühl sehr widerspricht: Sie müssen ihn zur Rede stellen und ihm die eigene Enttäuschung mitteilen. Lassen Sie sich auf keine Ausflüchte ein – flüchten Sie lieber selber, wenn Sie keine befriedigende Antwort erhalten. Allerdings kann diese Konstellation auch eine gemeinsame Chance bedeuten.
Thema: Mangelnde Nähe.

Ihr Partner hat die Herzzahl 8

Mit diesem Partner werden Sie nur eine längere Beziehung am Leben erhalten können, wenn Sie sich selbst verleugnen. Sogar Ihr ausgeprägter Hang zum Harmonisieren wird hier schnell überfordert sein. Wer so lange nicht er selbst sein darf, verliert leicht die Liebe aus den Augen und dann bleibt nur noch das Klischee einer frustrierten Partnerschaft. Wenn Sie es zu lange mit diesem Partner versuchen, ohne deutliche Besserung zu spüren, werden Sie selbst zu einem verbissenen und negativen Wesen. Und dafür hassen Sie schließlich sich selbst und nicht den anderen. Hier tut schonungslose Offenheit Not.
Thema: Die Liebe als Prüfung.

Ihr Partner hat die Herzzahl 9
Eine Beziehung zum Wohlfühlen, ganz so, wie Sie sich eine Partnerschaft erträumt haben. Sie können sich hier ganz selbst verwirklichen, können den anderen mit Zärtlichkeit und Leidenschaft überschwemmen – und bekommen mindestens das gleiche Maß wieder zurück. Beide werden Sie in dieser Konstellation wachsen und gedeihen, sich lieben und umsorgen – und doch beschleicht Sie ab und an ein seltsames Gefühl ... Sie haben ganz recht, so vollständig wie Sie versteht dieser Partner Ihre Gemeinsamkeit nicht. Er ist mehr an der glücklichen Harmonie interessiert als an Ihrem ursprünglichen Wesen. Aber das sollte der guten Partnerschaft keinen Abbruch tun.
Thema: Totale Harmonie.

Ihre Herzzahl ist 7

Sie scheinen in Ihrem Leben von etwas getrieben zu sein, das Sie selbst kaum beeinflussen können – einem Wunsch nach höchster Vollkommenheit und der absoluten Wahrheit hinter so vielen Halbwahrheiten. Aber Sie ahnen auch, dass Sie dieses letzte, absolute Ziel nie erreichen werden. Und das beunruhigt Sie und macht Sie manchmal ruppig und unduldsam anderen gegenüber. Also nicht die besten Voraussetzungen für eine Partnerschaft – doch Sie haben auf der anderen Seite auch Qualitäten, die in einer Beziehung sehr wichtig sind: Sie wägen sorgfältig ab, ob Sie sich auf einen anderen Menschen einlassen, und sind treu und stetig, wenn Sie sich einmal entschlossen haben. Sie erstreben Weisheit und Bildung, wollen hinter das Wesen der Dinge kommen und geben sich nicht mit oberflächlichen Erklärungen und Partnerschaften zufrieden. Anstrengend, aber lebenswert. Und liebenswert dazu.

Ihr Partner hat die Herzzahl 1
Hier hat sich eine „ernsthafte" Koalition ergeben, bei der man nicht auf den ersten Blick erkennen kann, ob es sich um eine erotische oder eine

geschäftliche Beziehung handelt. Jedenfalls werden Sie diesem Menschen leichter vertrauen als anderen und ihn auch schneller akzeptieren. Sogar seine seltsamen Seiten (in Ihren Augen jedenfalls) können Sie so stehen lassen. In fast allen Bereichen ist diese Beziehung von Erfolg und großer Sympathie geprägt – nur in erotischer Hinsicht… Auch wenn Sie ganz zufrieden mit einer solchen Beziehung sind, der andere kann diese völlig unromantische Partnerschaft auf Dauer kaum aushalten und wird sich möglicherweise auf eine formale Beziehung zurückziehen.
Thema: Große Lebensprinzipien gegen kleine Liebe.

Ihr Partner hat die Herzzahl 2
Mit diesem Menschen werden Sie sicher viel finden können, kaum jedoch die große Liebe. Nachdem Ihnen ein solcher Gefühlsüberschwang ohnehin nicht sonderlich liegt, werden Sie ihn in dieser Konstellation umso weniger antreffen – denn bei aller Gegensätzlichkeit haben Sie doch eines gemein: Sie halten beide nichts von deutlichen Gefühlsbezeigungen. Eine kritische, teilweise sogar rücksichtslose geistige Konfrontation kann zwischen Ihnen entstehen, ein äußerst kreativer Ideenpool, aber kaum zärtliche Zuneigung. Trotz allen Wachstums und der deutlichen gemeinsamen Entwicklung könnte Ihnen der rüde Ton jedoch mit der Zeit zu viel werden.
Thema: Nebenschauplätze der Liebe.

Ihr Partner hat die Herzzahl 3
Sie sind ein starkes Team – jedenfalls in Ihrem beidseitigen Bestreben zu wachsen und sich als Gemeinschaft fortzubilden. Aus diesem Entschluss, die Welt zu erkunden und zu verbessern, kann auch eine grundlegende Basis für eine Liebesbeziehung erwachsen. Kann – muss aber nicht. Doch die Hand geben Sie sich ständig, wenn auch nicht immer mit romantischen Gefühlen. Auf jeden Fall ist diese Konstellation eine tragfähige und man kann auf ihr viele Gebäude errichten – Denkfabriken, Kindergärten und Liebesnester. Sehen Sie nur zu, dass Sie mög-

lichst bald einen gemeinsamen Bauplan entwickeln, und legen Sie den dem anderen vor.
Thema: Liebe, die zu ungeahnten Höhen ansteigen kann.

Ihr Partner hat die Herzzahl 4

Hier treffen zwei harte Köpfe und – was noch wichtiger ist – zwei harte Gefühle aufeinander, was eine Partnerschaft beschwerlich machen könnte. Auffallend bei dieser Beziehung ist die Sturheit, die beide mit einbringen. Man könnte Ihre Treffen durchaus mit dem Aufeinanderprallen zweier angriffslustiger Widder versinnbildlichen – sehr emotionsgeladen und sicher nicht auf Harmonie bedacht. Wenn beide an solchen Verlaufsformen der Liebe Spaß haben, kann man Ihnen nur gratulieren. Vielleicht stoßen sich beide ja über die Jahre die Hörner etwas ab. Aber die Gefahr, in diesem Dauerkonflikt zu ermüden, ist groß.
Thema: Liebe als Zweikampf.

Ihr Partner hat die Herzzahl 5

Diese Beziehung entwickelt sich – wenn überhaupt – recht schleppend und in stillen Momenten werden Sie sich vielleicht fragen, was Sie eigentlich mit diesem Partner sollen. Besser wäre diese Konstellation für eine alltägliche Freundschaft geeignet, für das zeitweise Zusammensein wegen gemeinsamer Interessen, für sportliche oder kulturelle Unternehmungen. Doch immer wenn es um Erotik oder gar seelische Verwandtschaft geht, spüren Sie ein eigenartiges Unwohlsein, das Sie sich nicht erklären können. Von gemeinsamen Lebenszielen kann man bei dieser Konstellation auch kaum sprechen. Versuchen Sie wenigstens, etwas Klarheit in diese diffuse Verstrickung zu bringen, und fragen Sie sich (und den anderen), was Sie beide wirklich verbindet. Sind es nur Fantasien oder echte Gefühle? Benutzen Sie den anderen oder fühlen Sie sich selbst ausgenutzt?
Thema: Unscharfe Liebe.

Ihr Partner hat die Herzzahl 6

Mit diesem Partner können Sie sich wohl fühlen. Sie können Gedanken und Gefühle austauschen und Sie haben wohl meist den Eindruck, sich auch ohne viele Worte zu verstehen. Diese gute Basis könnte Sie auch von Ihrem oft übertriebenen Gefühl ablenken, Sie müssten sich auf die Suche nach dem Absoluten machen. In dieser Partnerschaft können Sie wachsen und gedeihen, noch dazu in einer freundlichen und toleranten Atmosphäre. Solche Bedingungen laden geradezu zu einer langen Beziehung ein, vielleicht auch zur Gründung einer Familie.
Thema: Hier kann die Liebe Wurzeln schlagen.

Ihr Partner hat die Herzzahl 7

Hier kann man alles erwarten, nur keine ruhige, ausgeglichene Beziehung. Auch wenn die gemeinsamen Lebensziele sehr oft die gleichen sind, verbeißt sich doch jeder in winzige Details, die er als enorm wichtig herausstellt. Wie gerne würden Sie auch einmal nachgeben und die Harmonie mit einem solch wesensverwandten Menschen genießen – aber es ist, als ob ein dunkler Schatten Sie vorantreibt und Ihnen die Ruhe raubt. Nach anstrengenden Diskussionen kommen Sie beide mehr aus Erschöpfung denn aus wahrer Übereinstimmung zu gemeinsamen Ergebnissen. Aber schon bald wird sich dieselbe Diskussion wiederholen. Das kann zum Streit führen und die Beziehung immer weiter belasten. Suchen Sie gemeinsame Projekte und verteilen Sie die Aufgaben gut.
Thema: Liebe zwischen Duellanten.

Ihr Partner hat die Herzzahl 8

Die romantische Liebe werden Sie hier nicht finden, aber vielleicht ein stabiles Lebensglück, das es mit der größten Emotion aufnehmen kann. Aus dieser Konstellation können sich wahre Imperien ergeben, jedenfalls in kreativer wie finanzieller Hinsicht. Was eine Familie betrifft, dürfte die Herzlichkeit etwas zu kurz kommen, doch die Kinder haben auf jeden Fall eine stabile und unverbrüchliche Basis in ihren Eltern.

Wenn beide das Fehlen überschwänglicher Gefühle nicht vermissen, kann man einer solchen Beziehung auch eine lange Zukunft verheißen. Treue und Ehrlichkeit dürfen Sie jedenfalls vom anderen ebenso erwarten, wie er es von Ihnen kann.
Thema: Stabile Beziehung.

Ihr Partner hat die Herzzahl 9
Gleichzeitig als nützlich und unbefriedigend werden Sie diese Beziehung wohl manchmal empfinden – das macht die extrem kontroverse Zielrichtung von Ihnen beiden aus. Sie ziehen sich gegenseitig gewaltig an, denn jeder vermutet im anderen ein großes und spannendes Potential – zu Recht. Aber wie sollen diese Puzzleteile zusammenpassen? Das werden sie auch nicht, jedenfalls nicht in dem Sinn, dass daraus eine stimmige Gemeinsamkeit entsteht. Aber eine große Inspiration kann es geben, die jeden Einzelnen weiterbringt. Ob das allerdings ausreicht, um eine starke emotionale Beziehung zu entwickeln, das liegt an der Fähigkeit beider, ohne Misstrauen das Herz zu öffnen.
Thema: Liebe als Inspiration.

Ihre Herzzahl ist 8

Über Sie kann man nichts Schlechtes sagen, höchstens, dass Sie nicht unbedingt gesellig sind. Aber sogar das ist nicht notgedrungen etwas Schlechtes. Wenn Sie allerdings nach Liebe und Partnerschaft fragen, wird dieser Wesenszug doch etwas störend. Man kommt sehr schwer an Sie heran und Sie selbst kommen noch schwerer an andere heran. Sie wollen gerne alles unter Kontrolle haben, setzen Geld mit Macht gleich und sind stolz auf Ihre geistige und körperliche Gesundheit. Klingt das nach einem Gemeinschaftswesen? Aber auch für Sie gibt es passende Konstellationen, nur müssen Sie bei jeder Partnerschaft schwerer an Ihrer Zukunft arbeiten als andere Menschen. Für den Partner lohnt sich das auf jeden Fall, denn Sie sind ein liebevoller, großzügiger und verlässlicher Mensch.

Ihr Partner hat die Herzzahl 1

Eine problematische Wahl, denn Sie und Ihr Partner haben außer Gegensätzen nicht viel aufzuweisen. Er wird darauf bestehen, dass er eben so ist, wie er ist – und Sie werden versuchen, ihn ein bisschen nach den eigenen Vorstellungen zurechtzuschnitzen. Das könnte der erste Fehler sein. Sie werden dem anderen möglichst viele Entscheidungen und Arbeit abnehmen und den grundsätzlichen Stil der Beziehung vorgeben. Das könnte der letzte Fehler sein. Sie müssen in dieser Beziehung alles vergessen, was ansonsten Ihr Potential ausmacht – oder wenigstens Ihr vorpreschendes und manchmal erstickendes Wesen bremsen.
Thema: Das Unmögliche möglich machen.

Ihr Partner hat die Herzzahl 2

In dieser Beziehung können Sie Vertrauen fassen und auftauen. Der andere stellt Ihre grundsätzlichen Wesenszüge nicht in Frage und verlässt sich sogar gerne auf Ihre Machtübernahme. Leichtes Spiel für Sie, aber achten Sie darauf, dass neben all der netten und freundlichen Atmosphäre nicht der Sinn jeder Partnerschaft abhanden kommt: die Zweisamkeit, die ein Geben und Nehmen ebenso voraussetzt wie eine gleichberechtigte Ebene. Auch wenn Sie noch so gerne das Sagen haben – Sie werden sich neben einem Menschen, der sich neben Ihnen klein macht, nicht lange wohl fühlen.
Thema: Sichere Positionen aufgeben.

Ihr Partner hat die Herzzahl 3

Für eine Liebesbeziehung ist diese Konstellation nicht sehr ergiebig (um es freundlich auszudrücken), für eine geschäftliche, politische oder schlicht geistige Freundschaft jedoch enorm. Sie können in dieser Konstellation zu wichtigen Inspirationen gelangen und zusammen mit dem anderen Großes vollbringen. Auf rein geistiger oder gesellschaftlicher Ebene sind die Voraussetzungen für eine lebenslange und fruchtbare Beziehung gegeben, die keiner von beiden je bereuen wird. In Herzens-

dingen neutralisieren sich beide Partner. Das Höchste, was man vermutlich erwarten kann, ist eine Geschäftsehe oder eine Fernbeziehung.
Thema: Große Möglichkeiten – nur nicht in der Liebe.

Ihr Partner hat die Herzzahl 4

Diese Konstellation hat für Sie etwas Befreiendes: Sie müssen nicht mit aller Gewalt versuchen, das Heft in der Hand zu halten und Macht über den anderen zu erringen. Dieser Partner lässt Sie einfach Sie sein, und zwar mit solcher Klarheit, dass Sie erst gar nicht versuchen, ihn auch noch unter Ihre Fuchtel zu bekommen. Er lehrt Sie quasi nebenher eines der wichtigsten Themen in Ihrem Leben: loslassen und vertrauen. Mit ihm können Sie sich ganz auf Ihre Angriffslust im Beruf und bei geschäftlichen Dingen konzentrieren – und ausgeruht in ein harmonisches Nest zurückkehren.
Thema: Die Liebe erteilt eine Lehre.

Ihr Partner hat die Herzzahl 5

Es ist Ihre kaum bezwingbare Lust an diesen schrecklichen Machtspielchen, die immer wieder Probleme mit anderen bringen. Seltsamerweise nicht mit Menschen, mit denen Sie gemeinsame theoretische Ziele haben – politische wie soziale -, solange diese nichts mit Ihrem Privatleben zu tun haben. Doch im intimen Bereich kann Ihre Unfähigkeit nachzugeben und Kompromisse zu schließen die Atmosphäre vergiften. In dieser Konstellation ist Ihr Partner auch nicht gewillt, einzulenken und Ihnen diesen Zug nachzusehen. Konfrontation bringt Streit und keiner kann sich aus diesem Konflikt retten ohne viel Geschirr zu zerschlagen. Versuchen Sie den Schaden zu begrenzen.
Thema: Selbstzügelung tut Not.

Ihr Partner hat die Herzzahl 6

Ihr Partner hat etwas, was Sie sofort angezogen hat – und solche Spontansympathien sind selten bei Ihnen. Diese glückliche Basis verteidigen

Sie beide gegen all die Anfechtungen der Beziehung, die allerdings hauptsächlich von Ihnen kommen. Doch diese Konstellation gibt zur Hoffnung Anlass. Der andere erweist sich nicht nur als liebevolle Entsprechung, sondern auch als Inspiration, als geduldiger Zuhörer, als hilfreicher Geist und guter Freund. Und Freundschaft ist in der Liebe eine seltene Gnade. Wenn Sie sich auch nur ein wenig um die Gemeinsamkeiten kümmern, könnte das eine lebenslange erfüllte Partnerschaft werden, die Sie beide stärkt und glücklich macht.
Thema: Glückliche Entsprechung.

Ihr Partner hat die Herzzahl 7

In Liebesdingen ist diese Partnerschaft ein gewagter Drahtseilakt, denn Sie empfinden den anderen in vielen Dingen als stärker. Und das können Sie nur schwer ertragen. Streit und Vorwürfe ersticken das leidenschaftliche Liebespotential meist in den Anfängen. In geschäftlichen und sozial neutraleren Beziehungen jedoch ist diese Konstellation perfekt – Sie lernen begierig vom anderen, der Sie genau auf die richtige Art zu nehmen weiß. Sie können mit diesem Menschen eine glückliche und nutzbringende Freundschaft aufbauen.
Thema: Starke Führung – aber kaum zum Liebesglück.

Ihr Partner hat die Herzzahl 8

Starke Freunde machen stärker – starke Liebe schwächt. Das ist Ihre Beurteilung in diesem Falle. Tatsächlich ist jede Beziehung unter dieser Konstellation, die das Bett ausspart, von Erfolg und Glück getragen. Sie erleben solche Beziehungen als kooperativ und zukunftsweisend. Doch in der Liebe versagen Sie sich den deutlichen Wünschen Ihres Partners – wahrscheinlich aus der heimlichen Angst heraus, schwächer zu werden, wenn Sie sich dem anderen grenzenlos öffnen. Aber das ist das Geheimnis der Liebe: Sich zu öffnen macht jeden Einzelnen zwar verletzlich – aber beide zusammen nur umso stärker.
Thema: Angst vor der Liebe.

Ihr Partner hat die Herzzahl 9

Manche Menschen verlieben sich in Dynamitfässer; sie sehen das als spannenden Nervenkitzel an. Das ist Ihre Art nun nicht, aber in dieser Konstellation könnte es leicht passieren, dass Ihnen die Harmonie von gestern heute um die Ohren fliegt. Haß und Liebe liegen nahe beieinander und Ihre ganz spezielle Art kann aus dem liebevollen Partner in Sekundenschnelle einen boshaften Gegner machen. Ihre Art, die Macht an sich zu reißen und überheblich zu sein, ist für diesen Menschen untragbar und greift seine Grundfesten an. Da ist es auch mit knappen Entschuldigungen nicht getan – Sie werden in dieser Konstellation an die Grenzen geworfen und müssen sich überlegen, ob Sie für diese Partnerschaft eine grundsätzliche Wesensänderung in Kauf nehmen können.
Thema: Explosive Leidenschaften.

Ihre Herzzahl ist 9

Sehr anspruchsvoll und zu allem bereit, so könnte man Sie beschreiben – und für solche Menschen lauern in Liebe und Partnerschaft natürlich auch Gefahren. Ihr großes Verständnis und Einfühlungsvermögen werden nicht immer geschätzt. Entweder man nimmt Sie nicht ganz ernst oder Ihre übergroße Toleranz wird mit der Zeit zur Naivität. Etwa wenn Sie dieselbe Erfahrung zum zehnten Mal machen. Für romantische Beziehungen stehen die Sterne allerdings gut, und wenn Sie den passenden Partner gefunden haben, können Sie diese Beziehung auch in perfekte Höhen treiben, denn Sie sind in der Liebe idealistisch und zu tiefen Empfindungen fähig.

Ihr Partner hat die Herzzahl 1

Mit diesem Partner ist ein glückliches und zufriedenes Zusammensein sehr wahrscheinlich. Glücklich und zufrieden? Bei Ihren hochfliegenden Erwartungen ist Ihnen das auf die Dauer zu wenig. Das verletzt Ihren Partner, der in Beziehungen eigentlich die Königs- bzw. Königinnen-

position erwartet. Doch Sie lassen sich nicht so leicht zum Untertan machen. Diese hochtrabende, fast schon arrogante Einstellung in Liebesdingen könnte Ihnen eine gute und stabile Beziehung verwehren. In reiferen Jahren besteht immerhin die Chance, dass Sie Ihre überbordende emotionale Wildheit besser in den Griff bekommen. Dann wissen Sie, dass man den Schein problemlos aufgeben kann, wenn das Sein dafür glücklich und erfüllt ist.
Thema: Die Liebe wird zur Dampfwalze.

Ihr Partner hat die Herzzahl 2

In dieser Beziehung schrauben Sie Ihre oft überzogenen romantischen Vorstellungen zurück – Sie haben zu viel Respekt vor dieser schönen und klaren Möglichkeit, mit einem geliebten Menschen zu wachsen. Und tatsächlich ist dieser Partner für Sie ebenso wichtig wie Sie für ihn. Er holt Sie vom hohen Ross des intoleranten Liebeswahns zurück auf den Boden ehrlicher Zuneigung – und Sie lassen diesen Menschen, der eigentlich sehr an sich zweifelt, strahlen und geben ihm Zuversicht und Selbstbewusstsein. Eine glückliche Verbindung, die für beide Lehrcharakter hat.
Thema: Nur die Liebe lehrt.

Ihr Partner hat die Herzzahl 3

Sie fragen, warum Sie sich mit diesem Menschen so unglaublich wohl fühlen? Weil er Sie auf Ihr innerstes Wesen zurückwirft, weil er Ihnen zeigt, was Ihre Mitte ist und wo Ihre eigentlichen Begabungen liegen. Das tut er aber nicht altväterlich, sondern wie nebenher und augenzwinkernd. In dieser Partnerschaft sind Sie himmlisch gut aufgehoben. Nur fragen Sie sich die ganze Zeit, was Sie dem anderen bieten können. Lassen Sie das ruhig sein, denn das Wesen der Liebe ist es nicht, Tauschgeschäfte abzuschließen. Und Ihre Lehre ist es, Annehmen zu lernen, ohne sich gleich dafür zu revanchieren.
Thema: Liebe, die ins Zentrum vorstößt.

Ihr Partner hat die Herzzahl 4

Mit diesem Partner werden Sie kaum eine ausdauernde Liebesbeziehung aufrechterhalten können. Sie fragen sich, ob er Sie überhaupt ernst nimmt. Und das können Sie – bei aller Toleranz – einfach nicht vertragen. Auf Ihre heißen Liebesschwüre reagiert er mit einem distanzierten Lächeln, das Sie nicht deuten können, er witzelt über Ihre Zukunftsperspektiven – irgendwie scheint er sich immer ein wenig zu entfernen, wenn Sie ihm gerade näher rücken wollen. Aber wenn Sie beide ein gemeinsames Projekt haben, sind Sie ein unschlagbares Team.
Thema: Schwieriges Miteinander.

Ihr Partner hat die Herzzahl 5

Auf eines werden Sie bei diesem Partner wohl verzichten müssen: auf echte Wärme und tiefe Zuneigungsbezeigungen. Leichte und lockere Beziehungen gedeihen unter dieser Konstellation, auch aufregender Sex, bei dem Sie Ihre Fantasien hemmungslos umsetzen können. Doch für ernsthafte und längere Beziehungen fehlt die Herzenstiefe. Genießen Sie den Rausch der Sinne, die Heiterkeit und Spontanität dieser Partnerschaft und träumen Sie nicht vom Morgen. Mit diesem Partner können Sie Pferde stehlen.
Thema: Liebe ohne Tiefgang.

Ihr Partner hat die Herzzahl 6

Dieser Partner gewährt Ihnen in besonderem Maße Schutz und Sie sollten ihn deshalb wirklich in Ihr Herz schließen. Unverbrüchliche Treue und das Verlangen, Sie mit all Ihren Marotten und Winkelzügen ganz zu erfassen und zu verstehen, prägt seine Beziehung zu Ihnen. Sie können sich seiner vollen Solidarität in allen Krisen sicher sein – und sollten diesen Menschen deshalb nie enttäuschen oder gar benutzen. Mit ihm können Sie eine tragfähige Partnerschaft fürs Leben aufbauen. Er wird Sie nie verraten oder enttäuschen.
Thema: Liebe und ewige Treue.

Ihr Partner hat die Herzzahl 7

Zu stark sind Sie für diesen Menschen, aber das merken Sie womöglich gar nicht. Sie überrollen ihn mit Ihrer Liebe und fressen ihn völlig auf. Vielleicht ist das eine Basis für eine Beziehung, es könnte sich aber möglicherweise auch als der erste Sprung darin erweisen. Sie sollten etwas Zurückhaltung üben und auch ihn betrachten und zu Wort kommen lassen. Manchmal hat es den Anschein, als würden Sie ihm gar keine eigene Existenzberechtigung zugestehen. Er ist aber ein wahrer Glücksbringer für Sie, deshalb helfen Sie mit, damit er sich seine Identität bewahren kann. Wenn Sie den anderen als gleichwertigen Partner begreifen, kann mit ihm zusammen der Traum von einer lebenslangen glücklichen Beziehung wahr werden.
Thema: Das Glück liegt zum Greifen nah.

Ihr Partner hat die Herzzahl 8

In dieser Beziehung werden Sie kaum froh – jedenfalls nicht auf Dauer. Ihr Partner hängt zwar buchstäblich an Ihren Lippen (lauschend und küssend), aber schließlich wollen Sie keinen Schüler, sondern ein liebesfähiges Gegenüber. Bewunderung wird in einer Partnerschaft schnell quälend, weil der Austausch zweier gleichberechtigter Menschen fehlt. Sie werden nach und nach immer mehr Gegensätzlichkeiten feststellen, so viele, dass Sie trotz Ihrer ausgeprägten Toleranz diese Beziehung nicht mehr aufrechterhalten können. In einer geschäftlichen oder sozialen Begegnung ist diese Energie allerdings von großem Nutzen. Für beide Beteiligte.
Thema: Zu viel Bewunderung tut der Liebe nicht gut.

Ihr Partner hat die Herzzahl 9

Gemeinsame Projekte und Unternehmungen werden Sie mit diesem Partner nicht verwirklichen können – doch es gibt ein Projekt, wofür sich diese Konstellation gut eignet: die Liebe. Im besten Sinne kritisch und streitlustig wird sich der Alltag zwischen ihnen beiden gestalten –

aber immer aufbauend, nie destruktiv. In dieser Partnerschaft werden Sie beide in einer Weise wachsen, die jedem Einzelnen wohl nicht möglich gewesen wäre. Seien Sie sich darüber im Klaren, dass dies eine wunderbare Konstellation ist für eine Familie, für glückliche und beschützt aufwachsende Kinder und einen großen Freundeskreis, der sich wie eine Familie um Sie schließen wird.
Thema: Die Beziehung als sicherer Hafen.

NUMEROLOGIE UND ASTROLOGIE

Es gibt eine Verbindung und zahlreiche Entsprechungen zwischen Numerologie und Astrologie, denn diese uralte Wissenschaft ist ohne Zahlen und komplizierte Rechenoperationen nicht vorstellbar. Beispielsweise entsprechen die 12 Zeichen des Tierkreises den Zahlen 1 bis 12:

1 Widder: der Uranfang, der erste Schritt, reine Energie.
2 Stier: Verzweigung, Wurzelbildung, erdhaftes Symbol.
3 Zwillinge: die Summe aus dem Himmelssymbol und der Erde.
4 Krebs: das Kreuz der Empfängnis im Mutterleib.
5 Löwe: wie die Zahl ein Symbol der Mitte (Herz).
6 Jungfrau: Logik und Harmonie, auch Symbol der Ökonomie.
7 Waage: Zahl der Harmonie zwischen Statik (4) und Dynamik (3).
8 Skorpion: Doppelkreuz der Materie, Unendlichkeit (liegende 8) und Tod.
9 Schütze: Die potenzierte 3 steht für größte Dynamik und Kraft, für Entfaltung.
10 Steinbock: Aufbau und Logik, der Impuls (1) kämpft mit dem Null-Punkt.
11 Wassermann: Aufhebung der Polarität, unkonventionell und anarchistisch.
12 Fische: Zeichen der Universalität, Mann (1) und Frau (2) sind verbunden.

Auch bei den Planeten finden wir numerologische Entsprechungen. So wird etwa der Sonne die 1 zugeordnet, denn sie steht symbolisch für Mitte, Einzigartigkeit, aber auch für Männlichkeit, Hitze und Geist. Die 2 ist die erste weibliche Zahl und entspricht somit dem Mond, wobei sie auch das Widerspiegeln (so entsteht aus der 1 die 2) symbolisiert. Die glückliche 3 („Aller guten Dinge sind drei") hat man dem ebenso glücklichen Jupiter zugeordnet und die 4 dem Saturn. Der Merkur, der als Mittler

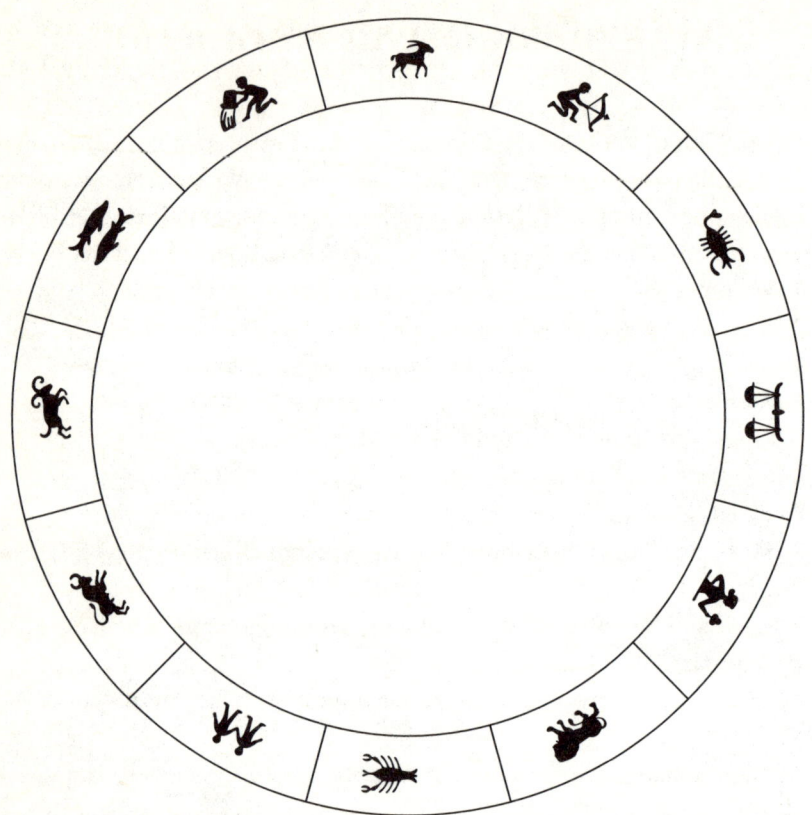

Der Tierkreis

bekannt ist und auch etwas mit der Ökonomie zu tun hat, findet sich als 5 in der Mitte des Dezimals wieder. Die 6 ist als Zahl der Harmonie der Venus zugeordnet, wobei auch die Assoziation Sechs-Sex nicht ganz fehlen darf. Neptun ist der 7 zugeordnet und Saturn der 8 – denn bei diesem Planeten, der auch Hüter der Schwelle genannt wird, dürfte Achtung und Vorsicht angebracht sein. Die 9 fällt dem dynamischen Mars zu, ebenso wie dem Mittelstürmer beim Fußball. So schließt sich der Kosmische Kreis – vom Erhabenen zum Banalen. Hauptsache, die Zahlen stimmen.

Sie können auch die Astrologie in Verbindung mit der Numerologie ganz einfach für sich nutzen. Indem Sie nämlich folgendermaßen vorgehen: Sie müssen dazu nur Ihre Schicksalszahl errechnen (die sich aus der Quersumme Ihres Geburtsdatums ergibt, siehe Seite 26). Auf den folgenden Seiten werden die 9 Schicksalszahlen für jedes der 12 Sternzeichen erklärt. Sie müssen also nur unter Ihrem Sternzeichen nachschlagen und dort Ihre Schicksalszahl suchen. Diese Kombination klärt Sie über Ihre besondere Lebensaufgabe und Ihren Status auf – und sollte Ihnen eine gewisse Zeit des Nachdenkens wert sein. Hier noch ein Berechnungsbeispiel: Jemand ist am 13. 6. 1967 geboren. Die Quersumme seines Geburtsdatums ist: $1 + 3 + 6 + 1 + 9 + 6 + 7 = 33 = 3 + 3 = 6$). Das Sternzeichen ist Zwillinge. Er erfährt also etwas über seine Lebensaufgabe unter „Zwillinge, 6".

Widder (21. März – 20. April)

1 In dieser Konstellation potenziert sich die Kraft – für sich und gegen sich. Aber auch für andere und gegen andere. Gehen Sie vorsichtig damit um.

2 Vielleicht fühlen Sie sich manchmal ins eigene Geschirr eingesperrt. Sehen Sie es doch einmal so: Diese (Selbst-)Beschränkung legt Ihrem dynamischen Naturell nur gnädige Zügel an, wenn es aufbrausend wird.

3 Ihr ausgelassenes und grenzenlos heiteres Naturell macht Sie zum Mittelpunkt jedes Freundeskreises – aber vergessen Sie die Suche nach dem Zentrum dieser Heiterkeit nicht.

4 Dauerhaftigkeit, Willensstärke und Klarheit sind Ihre wichtigsten Wesenszüge. Sie können in der materiellen Welt alles erreichen, nur in zwischenmenschlichen und in emotionalen Dingen gibt es für Sie noch manches dazuzulernen.

5 Sie haben viel Energie und Kraft, neigen aber manchmal zu Nervosität und Unbeständigkeit. Ein liebevoller Partner kann Ihnen dabei helfen, sich nicht zu verzetteln.

6 Ihre Kraft und Energie setzen Sie gezielt für das Thema „Vereinigung" ein – ob das der Aufbau einer Familie ist oder purer lustvoller Sex. Sie verlieren jedenfalls bei aller Hektik nie das Ziel aus den Augen.

7 Sie haben ein ausgesprochenes Überzeugungstalent – Sie können damit aber auch überreden und indoktrinieren. Setzen Sie diese Kraft überlegt ein und werden Sie sich erst einmal selbst darüber klar, was „gut" ist.

8 Ihre überschwängliche Begeisterung und große Kraft können gelegentlich in einen verbissenen Kampf ausarten. Überprüfen Sie Ihre Ziele immer auf Menschlichkeit.

9 Sie sind das beste Beispiel für eine Mensch gewordene Impulsivität. Ohne Konzentration verpufft Ihre Energie nutzlos. Sorgen Sie also für sinnvolle Ziele.

Stier (21. April – 20. Mai)

1 In der Ruhe liegt die Kraft – für diesen Spruch könnten Sie das lebende Beispiel sein. Ihr unbezwingbares Bestreben, das gesteckte Ziel zu erreichen, verfolgen Sie ebenso wie ein Eisberg sich seinen Kurs durchs Meer sucht. Langsam, aber unaufhaltsam.

2 Langsam und beharrlich verfolgen Sie Ziele – aber allzu oft fremde, die Ihnen auf den ersten Blick begehrenswert erschienen, die Sie aber nicht recht durchdacht haben. Verwenden Sie mehr Aufmerksamkeit für das Ziel – der Weg ergibt sich schon.

3 Sie verstehen zu feiern und bieten Ihren Lieben und Freunden mit großer Aufopferung ein glückliches Zuhause und ein gemütliches Ambiente. Sie sind wie ein Gletscher, der Tanzen und Lachen gelernt hat.

4 Ihre Beständigkeit erinnert manchmal an eine Betonwand. Allerdings ist eine solche Standhaftigkeit bei allen wichtigen Entscheidungen sehr von Nutzen.

5 Geballte Menschlichkeit zeichnet Sie aus. Doch mit dieser Energie können Sie den Partner auch ersticken.

6 Eine perfekte Konstellation – Sie leben sich im Heim und Freundeskreis voll aus und können mehr geben, als die meisten annehmen können. Sie sind Mittelpunkt und Schutzschild jeder Gemeinschaft.

7 Sie beharren auf der unverbrüchlichen Kraft der Seele. Aber bitte nicht in einen wirren Mystizismus abgleiten und sich eine zweite Realität herbeiträumen.

8 Spektakuläre Kraftanstrengungen sind Ihr Markenzeichen. Niemand würde Ihnen einen Misserfolg zutrauen. Menschen, die Ihnen nichts zutrauen, lassen Sie ohnehin links liegen.

9 Sie konzentrieren Ihre Leidenschaft und steuern große Ziele an – materiell wie sozial. Unter Ihren Fittichen kann Großes gedeihen und Sie lassen dabei Ihren Schutzbefohlenen alle Freiheit.

Zwillinge (21. Mai – 21. Juni)

1 Ihr scharfer Intellekt und Ihre starke Durchsetzungsfähigkeit machen Sie unüberseh- und unüberhörbar. Sie verstehen sich als Einzelmensch – und suchen trotzdem Zweisamkeit.

Numerologie und Astrologie

2 Ein klarer Geist und starke Emotionen kämpfen in Ihnen und meist wissen Sie nicht, für welche Seite Sie sich entscheiden sollen. Dieser Mangel an Entschlossenheit und die übertriebene Begeisterung für jede neue Idee können Ihnen schon mal den Boden unter den Füßen wegziehen.

3 Probleme kennen Sie nicht – Sie akzeptieren jedenfalls keine. Nichts, was sich nicht kreativ und elegant überspringen ließe. Es stört Sie dabei nicht, wenn das Ergebnis den Blicken der anderen nicht standhält.

4 Sie sind kein einfacher Diskussionspartner. Klar im Geist und ausgestattet mit messerscharfer Wortklinge, können Sie alles und jeden niederreden. Auch in die schwierigsten Zusammenhänge bringen Sie Ordnung – versuchen Sie's doch auch mal im eigenen Liebesleben!

5 Sie sind der Prototyp eines Metropoliten des ausgehenden 20. Jahrhunderts. Sie sollten sich aber auch einmal Ihrem Innenleben widmen, denn dort geht's womöglich drunter und drüber.

6 Trotz – oder wegen – Ihrer Hektik bringen Sie unglaublich viel zuwege. Überprüfen Sie, ob es auch sozialverträglich ist, und bedenken Sie, dass es nicht unbedingt schnelle und optimale Lösungen bringt, wenn man dauernd unter Strom steht.

7 Ihr Mitteilungsdrang wird auch von kühler Überlegung nicht gebremst – ganz schlicht lautet der Rat für diese Konstellation: Erst denken, dann reden. Vor allem, wenn man mit Menschen spricht, die dem eigenen Herzen nahe stehen.

8 Sie sind der typische Macher. Nur sind Ihre Ziele manchmal entweder illusorisch oder der Weg dorthin erweist sich letztlich als Sackgasse. Sie brauchen gute Berater.

9 Sie haben hohe Ansprüche und können diese hervorragend verbal mitteilen. Aber gut gemeint ist eben noch nicht gut gemacht. Überprüfen Sie also Ihre Standpunkte lieber zweimal.

Krebs (22. Juni – 22. Juli)

1 Da ist etwas Großes in Ihnen, das unbedingt herauswill – das spüren Sie wohl schon seit frühester Kindheit, aber etwas hält Sie zurück. Machen Sie sich klar, dass Sie selbst es sind, der sich bremst, weil er Angst vor dem Scheitern hat.

2 Sie sind sehr emotional und haben einen fast unstillbaren Drang zu geben – Ihr Thema ist Menschlichkeit und fester Halt für andere. Dabei finden Sie Ihre innere Mitte, Halt und Kraft.

3 Sie haben ein positives und heiteres Grundnaturell, das nur selten melancholische Einbrüche erlebt. Grundsätzlich sehen Sie Hindernisse eher als Chancen und Möglichkeiten, Ihre starke Kreativität auszuleben.

4 Diese Konstellation fügt zur verträumten Kreativität ein starkes Gefühl für Ordnung und Klarheit. Damit lässt sich einigermaßen sicher leben, auch wenn Sie womöglich oft das Gefühl haben, dicht am Abgrund zu wandeln.

5 Unsicherheit ist ein wichtiges Thema für Sie – Unsicherheit in der beruflichen wie privaten Rolle. Wenn Sie die Klammer der Angst nicht so stark fixieren und sich spontanen Entscheidungen öffnen, werden Sie erstaunliche Kraft finden.

6 Harmonie und Häuslichkeit spielen für Sie eine zentrale Rolle – Sie verschwenden meist überhaupt keinen Gedanken an Erfolg und

Karriere. Am liebsten wäre es Ihnen, ein sicheres Heim mit glücklichen Menschen zu haben, und tatsächlich können Sie darin der ruhende Pol und Glück spendende Mittelpunkt sein.

7 Sie verfügen über eine starke Sensibilität, die auch die Realitäten neben der „offiziellen" wahrnimmt. Achten Sie darauf, dass Sie nicht in Tagträume und unerfüllbare Wunschfantasien verfallen.

8 Dynamisch und energiegeladen gehen Sie das Leben an, aber Ihre Fairness wird Ihnen dabei oft als Weichheit ausgelegt. Vom Erfolg trennen Sie immer wieder Ellenbogenmenschen. Sie müssen lernen, denen Paroli zu bieten.

9 Große geistige und seelische Kräfte treffen hier auf ein Wechselbad von Zögerlichkeit und Impulsivität. Wenn Sie nicht lernen, sich zu konzentrieren und Ihr Leben zu strukturieren, werden Sie zum frustrierten Zyniker.

Löwe (23. Juli – 22. August)

1 Sie können die Kraft und Ausstrahlung, die Ihnen gegeben ist, auch hemmungslos ausleben und machen dabei nie den Eindruck eines Blenders. Sie haben das Leben im Griff.

2 Ihre Entschlossenheit und Energie wird von einem mäßigenden Einfluss gebremst – was Ihnen sichtlich gut tut. Eine natürliche Autorität schützt Sie vor ernsthaften Auseinandersetzungen.

3 Als glücklicher und Glück bringender Mittelpunkt jeder Gemeinschaft sind Sie der typische „erlöste" Löwe, der seine Fähigkeiten ohne Darstellungszwang einsetzen kann und anderen Freude und Stabilität schenkt.

4 Klar und gewichtig wie ein Eismeergletscher sitzen Sie in Ihrem Leben und beobachten, wie der Rest der Menschheit Sie umgibt. Passen Sie aber auf, dass Sie diese besondere Form der Stabilität nicht zur Vereinsamung und Langeweile führt.

5 Ein nervöser Löwe ist ein gefährlicher Löwe. Ihre Kraft und Energie setzen Sie manchmal im plötzlichen Angriff ein, der kaum je gerechtfertigt ist. Bemühen Sie sich um Ausgleich und Konzentration.

6 Auch in Hausschuhen verliert der Löwe nie seine majestätische Art ... Heim und Familie sind in dieser Konstellation einfach die wichtigsten Lebensthemen.

7 Diese Konstellation deutet auf Weisheit hin – auf eine Kraft des Geistes und der Seele und dazu eine unverbrüchliche Treue zu Menschen und Idealen, die irgendwann einmal als die richtigen erkannt wurden.

8 Ihr Leben ähnelt einem Dynamo auf Hochtouren – alles scheint Ihnen zuzufliegen, alles klappt und die Menschen finden Sie ausnahmslos sympathisch. In der Liebe müssen Sie sich aber schon etwas anstrengen.

9 Sie haben wirklich etwas zu sagen. Aber Sie müssen lernen, würdevoll zu bleiben, auch wenn Ihre Zuhörer einmal nicht beeindruckt an Ihren Lippen hängen. Beleidigte und eingeschnappte Löwen sind nämlich ein trauriger Anblick.

Jungfrau (23. August – 22. September)

1 Sie verfügen über viel Energie. Nur sollten Sie die Ihnen anvertraute Kraft nicht kleinherzig und zu vorsichtig einsetzen – dann können sie wirklich große Erfolge von Bestand erreichen.

2 Mäßigung und Einsatz für andere machen diese Konstellation zu einer äußerst menschlichen. Obwohl Sie Not lindern wollen, haben Sie jedoch Schwierigkeiten, anderen einfach nur liebevoll entgegenzutreten – Sie glauben, Sie müssen immer materiell helfen.

3 Das Leben ist für Sie ein spannendes Puzzle, das Sie mit viel Lust und Leidenschaft zusammensetzen wollen. Ihre Fröhlichkeit und der Hang zum ausgelassenen Feiern reißt andere mit.

4 Hier konzentrieren sich zwei Einflüsse – Ordnung und Klarheit. Bitte achten Sie darauf, dass dabei die Menschlichkeit nicht auf der Strecke bleibt.

5 Ihre genaue Lebensplanung geht manchmal so weit, dass Sie jede Lebendigkeit ausschließen. Und trotzdem könnte etwas passieren, was den Plan stört – das macht Sie nervös und ruhelos. Zu enge Pläne schnüren Ihnen die Luft ab.

6 Eigentlich möchten Sie sich in warme häusliche Emotionen fallen lassen, aber Ihr angeborenes Misstrauen lässt Sie immer wieder vor dem letzten Loslassen zurückschrecken. Das müssen Sie einfach lernen, sonst jagen Sie dem Glück vergeblich hinterher.

7 Das Wissen um die Zweigleisigkeit des Lebens zerreißt Sie schier – da sind auf der einen Seite die feinen spirituellen Schwingungen, die Sie genau wahrnehmen, und auf der anderen Seite Ihr exakter Verstand, der diese nicht zulassen will. Akzeptieren Sie beides!

8 Als dynamischer und erfolgsorientierter Mensch sind Sie zu einer großen Karriere fähig. Ihr klarer Geist wird durch enorme Energiereserven noch unterstützt – Sie kennen keine Grenzen, höchstens in der Partnerschaft.

9 Sie sind ständig auf der Suche nach ultimativen Lösungen und Ihr scharfer Verstand macht es Ihnen leicht, auch die höchsten Berge auf der geistigen Ebene zu erklimmen.

Waage (23. September – 22. Oktober)

1 Zu großen Kraftanstrengungen ist diese Konstellation bei allem Schönen und Ästhetischen fähig. Doch sind menschliche Emotionen fast immer auch mit unangenehmen Gefühlen verbunden. Deshalb gelingt es Ihnen nur schwer, tiefe Beziehungen einzugehen und anhaltende Freundschaften aufzubauen.

2 Schön und harmonisch sollte das Leben in dieser Konstellation verlaufen – vorausgesetzt, man findet einen Partner, der sich nicht zu sperrig angesichts des Perfektionsanspruchs zeigt.

3 In fröhlichem Chaos durchtanzen Sie das Leben, immer auf der Suche nach dem ultimativen Kick. Und das Leben wird es schwer haben, Sie in Ihrem Optimismus zu enttäuschen.

4 Sie schwanken deutlich zwischen hektischer Aktivität und tragischer Trägheit. Aber bitte machen Sie es nicht Ihrer Umwelt zum Vorwurf, wenn Sie die eigenen Ziele nicht erreichen.

5 Ihre Ansprüche machen Sie auf die Dauer unruhig und nervös, denn die Perfektion, die Sie anstreben, wird sich kaum erreichen lassen. Stoßen Sie andere Menschen nicht zurück.

6 Sich das eigene Schloss zu Hause aufzubauen und mit dem geliebten Partner dort ein lebenslanges Fest zu feiern, das ist nicht der schlechteste Plan. Und mit dieser besonderen Energie können Sie ihn auch durchsetzen.

7 Ihre Suche nach dem Schönen und Wahren macht auch vor den spirituellen Seiten des Lebens nicht Halt. Ihre starke Sensibilität und der Drang nach den letzten Dingen kann aber auch einsam machen.

8 Als Genussmensch mit Hang zum Spektakulären und Sucher nach immer neuen prickelnden Momenten fürchten Sie nichts so sehr wie die Banalität. Aber auch sie ist zwangsläufig mit dem Leben verbunden, und wenn es Ihnen gelingt, sie mit einzubeziehen, werden Sie den wirklichen Genuss kennen lernen.

9 Höchste Ansprüche an Geist und Ambiente machen Sie zum Prototyp des qualitätsbewussten intelligenten Genießers, dem immer weniger Menschen das Wasser reichen können. Wenn Sie sich in Arroganz verrennen, werden Sie aber in Schönheit einsam sein.

Skorpion (23. Oktober – 21. November)

1 Diese Konstellation weist auf ein ausgeprägtes Sexualleben hin. Auch der Rest des Lebens steht unter der Maxime: Ich nehme es mir, bevor es ein anderer tut.

2 Sie werden getrieben von den eigenen Emotionen und Leidenschaften. Sie müssen unbedingt lernen, den Kurs selbständig zu bestimmen.

3 Das Leben ist für Sie ein wunderbarer Abenteuerspielplatz, auf dem Sie sogar im hohen Alter noch hemmungslos herumtoben – so als gäbe es keine Absturzgefahr. Doch auch Sie sind nicht dagegen gefeit.

4 Klarheit und Leidenschaft – das könnte eine wunderbare Kombination sein. Wenn Sie Ihrem eigenen kühlen Kopf manchmal nur nicht misstrauen und in Teenager-Rituale zurückfallen würden.

5 In dieser Konstellation fällt vor allem eine androgyne Einstellung auf – Liebe und Sexualität scheren sich nicht um Konventionen, können sogar in eine hektische selbstverzehrende Leidenschaft münden.

6 Sie leben Ihren Hang zur Häuslichkeit aus und lassen sich nicht durch blinde Leidenschaft zu Dingen bewegen, die Sie später bereuen könnten. Vermutlich haben Sie einige anstrengende Erfahrungen hinter sich, ehe Sie zu diesem Punkt gekommen sind.

7 In dieser Konstellation richtet sich die Wissbegierde auf das Übersinnliche – sogar die Sexualität wird transzendiert. Bitte passen Sie auf, dass Sie nicht an gefährliche Grenzen stoßen.

8 Sie verfügen über eine Menge Energie – im Beruf wie im Liebesleben. Eignen Sie sich eine kühle Planung der nächsten Schritte an und überstürzen Sie die Dinge in Ihrem Leben nicht. Sonst könnten Sie selbst stürzen.

9 Alles scheint zu fiebern, die Geschwindigkeit des Lebens scheint täglich zuzunehmen. Sie müssen sich schon disziplinieren, damit es nicht zu einem alles verzehrenden Strudel kommt.

Schütze (22. November – 21. Dezember)

1 Groß soll alles sein, was mit Ihnen in Berührung kommt – auch Ihre Partnerschaft. Groß, nobel und sinnlich ohne Ende. Leiden Sie nicht, wenn Sie das nicht unbedingt bewerkstelligen können. Das Leben hat auch so vieles zu bieten.

2 Ihre Toleranz ist sprichwörtlich. Sie verzeihen dem geliebten Menschen alles – und das ist manchmal zu viel. Viele Menschen nutzen so eine Toleranz aus.

3 Wer mit Ihnen eine andauernde Beziehung ins Auge fasst, darf keine Vorstellungen von häuslicher Ruhe und Harmonie haben. Ein ständiges Wechselbad der Gefühle und ein Ritt hinauf zu den Sternen ist eher Ihr Programm.

4 Ihre großen Ansprüche können Sie klar anmelden und meist auch durchsetzen. Im Beruf wie in der Liebe. Als Partner kommt nur ein ebenso starkes Wesen mit großen Visionen in Frage.

5 Was Sie auch immer erreichen werden – es wird nie genug sein. Im Beruf kann das eine gute Motivation sein, in der Liebe dagegen nicht, denn es macht auf Dauer jeden Partner mürbe. Stecken Sie zurück und lassen Sie es zu, dass andere nicht so perfekt sind wie Sie.

6 Das Heim, das Sie im Auge haben, ist die Krönung jedes Liebesromans – Leidenschaft ohne Ende und Familienglück, Champagner und Sandkasten. Mit Ihrer enormen Durchsetzungskraft kann sich auch jeder Partner auf eine glückliche Zukunft freuen.

7 Ihre Lebensziele sind groß und dramatisch. Eine schlichte glückliche Beziehung kommt darin nicht vor. Alles muss weiter, schneller und moderner sein – auch die Liebe darf von altmodischen Gefühlen wie Eifersucht und Liebeskummer nicht gedrückt werden.

8 Ihre Durchsetzungskraft ist enorm. In der Partnerschaft jedoch reissen Sie den anderen eher wie eine Lawine mit und lassen ihm kaum eine Möglichkeit zur Selbstentfaltung.

9 Zweifellos sind Sie in jeder Gruppe der Mittelpunkt. Sie wollen das auch in der eigenen Partnerschaft sein und vergessen darüber leicht, dass Liebe auf Ausgleich und Harmonie gegründet ist. Lernen Sie, ein echter Partner zu werden.

Steinbock (22. Dezember – 19. Januar)

1 Mit zäher Beharrlichkeit verfolgen Sie Ihre Lebenziele – auch das große der perfekten, immer währenden Partnerschaft. Dabei geraten Sie besonders gerne an solche Partner, die das Leben im Unterschied zu Ihnen sehr leicht nehmen.

2 Ein wahrer Helfer der Menschheit steckt in Ihnen, ein sensibles Wesen mit großen Idealen und enormer Zähigkeit. Nur in der Liebe verzetteln Sie sich leicht, sind schnell begeistert und ebenso schnell wieder desillusioniert.

3 Geradlinig und vielseitig, arbeitsam und kreativ – eine fast unschlagbare Mischung. Und auch in der Liebe sind diese Qualitäten einfach bestechend. Nur in der Partnerwahl haben Sie möglicherweise in der ersten Lebenshälfte nicht die beste Hand, was Sie jedoch nicht davon abhalten sollte, es immer wieder zu versuchen.

4 Klar und klug, dauerhaft und willensstark gehen Sie an das „Projekt Leben" heran. Und ebenso sehen Sie auch Liebe und Partnerschaft – als eine Aufgabe, die man gut überdenken und schließlich optimal lösen muss. Und tatsächlich: Ihnen gelingt es auch.

5 Ihre große Energie läuft meist in zu viele Kanäle gleichzeitig. Die nervöse und unbeständige Grundstruktur zeitigt auch in Beziehungen einigen Ärger. Dafür sind Sie enorm lernfähig und machen keinen Fehler zweimal.

6 Fleißige und handfeste Arbeiter mit dem unbändigen Wunsch nach Harmonie und einem glücklichen Heim findet man unter dieser Konstellation. Und weil diese Menschen so viel Kraft haben, werden sie sich ihre Wünsche meist auch erfüllen.

7 In sich gekehrt und scheu ist man bei dieser Konstellation, dafür hat man viele Interessen und eine ausgeprägte Arbeitswut. Halt kann da ein starker Partner geben – und danach sollten Sie zuallererst suchen.

8 Dynamisch rasen Sie durch die Welt, immer dem Erfolg hinterher. Da wird in jungen Jahren kaum Platz für eine Liebesbeziehung sein, eher für gelegentliche Sexkontakte.

9 Bei Ihnen sind die Kraft und das Ziel angelegt, und Sie werden Ihr Leben in allen Beziehungen glücklich meistern. Vor allem können Sie auch anderen Glück schenken und Menschen stützen und leiten.

Wassermann (20. Januar – 19. Februar)

1 Aufbrausend und überfliegend gleichzeitig ist Ihr Naturell. Im Beruf kann das in lohnende kreative Bahnen gelenkt werden, in der Partnerschaft ist es nicht gerade stabilitätsfördernd.

2 Sie werden hin- und hergerissen zwischen zwei Extremen und könnten oft zerspringen, wenn Sie sich entscheiden müssen. Das müssen Sie jedoch nicht – leben Sie Ihre Extreme eines nach dem anderen aus. Und hoffen Sie auf einen Partner, der solche Zerreißproben mitmacht.

3 Da haben Sie genau die richtige Zahl getroffen – in dieser Konstellation erhöht sich Ihre sowieso schon starke Sprunghaftigkeit und Extravaganz noch. Es wird wohl bis zur zweiten Lebenshälfte dauern, bis Sie eine stabile Partnerschaft eingehen können.

4 Diese Konstellation sorgt für etwas Ruhe in Ihrem bewegt angelegten Leben – und bringt Ihre besten Seiten zum Leuchten. Auch in Liebe und Partnerschaft ist Klarheit gegeben.

5 In Ihrem Denken findet sich keine große Unterscheidung zwischen weiblich und männlich – Hauptsache menschlich! Und: immer am Puls der Zeit und das möglichst mit einem gleich gesinnten Partner.

6 Ein Hang zu harmonischer Häuslichkeit schlägt bei Ihnen öfters unversehens in Freiheitsdrang und Welteroberungsfantasien um. Auch das Liebesleben ist solchen Wechselhaftigkeiten unterworfen.

7 Geist und Seele – das zählt für Sie. Alles Körperliche bedeutet Ihnen wenig. Das sind natürlich für eine sexuell erfüllte Partnerschaft nicht unbedingt die besten Voraussetzungen.

8 Sprunghaft bewegen Sie sich durch dieses Leben und genießen Ihre scheinbar grenzenlose Dynamik. In der Liebe macht Vielseitigkeit ebensolchen Spaß – nur Ihrem Liebsten nicht unbedingt. Auf eine feste Partnerschaft werden Sie wohl etwas warten müssen.

9 Mit leidenschaftlicher Freiheitsliebe und Impulsivität gehen Sie durch das Leben: Werden Sie nur nicht zum Spielball Ihrer inneren Befehle. In einer Partnerschaft brauchen Sie einen ebenso starken Widerpart, der Ihnen vielleicht sogar sanfte Zügel anlegen kann.

Fische (20. Februar – 20. März)

1 Finden Sie die Einzigartigkeit in sich selbst. Die Kraft und Energie, die Sie auszeichnet und Ihnen mitunter Angst macht, ist das richtige Werkzeug dafür. Spiritualität mit dem Dampfhammer.

2 Stellen Sie paradiesische Zustände her – jedenfalls in Ihrer Beziehung und im engsten Freundeskreis. Sie können es durch die Kraft der Versöhnung und Harmonie. Und Sie glauben an andere Menschen, und zwar so stark, dass auch die sich selbst finden können.

3 Ihre Fröhlichkeit ist die Chance Ihres Lebens. Und auch die Verpflichtung – denn diese Fröhlichkeit, die andere glücklich macht und Ihnen Halt gibt, müssen Sie bewahren. Auch in finsteren Stunden.

4 Der Hang zu Ordnung und praktischen Lösungen widerstrebt Ihnen zwar oft, aber gleichzeitig gibt er Ihnen auch Sicherheit. Nur wenn diese Ordnung überhand nimmt, ersticken Sie – dann ist ihr Ausgangspunkt nicht der Wunsch nach Klarheit, sondern Angst vor der Welt.

5 Bewahren Sie Ihre Menschlichkeit – sie ist das größte Geschenk für Sie und für andere. Nur in Hinwendung und Aufmerksamkeit für den Nächsten finden Sie innere Ruhe und überwinden Angst und Nervosität.

6 Reinen Herzens zu lieben ist Ihnen in die Wiege gelegt – dafür müssen Sie sich nicht anstrengen. Sie müssen sich nur vor dem Allzuviel bewahren, denn ein übergroßes Herz kann es leicht zerreißen.

7 Schon in frühester Jugend haben Sie wohl die Erfahrung gemacht, dass der Geist über die Materie herrscht. Sie sind ein äußerst intuitiver Mensch mit großen spirituellen Möglichkeiten. Versuchen Sie, dagegen einen sicheren bodenständigen Ausgleich zu schaffen.

8 Die große Energie, die Sie besitzen, macht Ihnen wahrscheinlich selbst oft Angst. Es ist jedenfalls nicht Ihr ausgesprochenes Lebensziel, erfolgreich zu sein. Setzen Sie diese Energie für zwischenmenschliche und soziale Zwecke ein.

9 Bei Ihnen verbindet sich aufs Beste seelische mit intellektueller Klarheit. Aus dieser Quelle können Sie lebenslang schöpfen und damit für die Menschen, die Ihnen wichtig sind, Glück und Zufriedenheit bewirken.

Zahlen und gehen ...

Dreizehn, wer weiß es?
Dreizehn, ich weiß es!
Dreizehn sind die Eigenschaften Gottes.
Zwölf, wer weiß es?
Zwölf, ich weiß es!
Zwölf sind die Stämme Israels.
Elf, wer weiß es?
Elf, ich weiß es!
Elf sind die Sterne in Josefs Traum.
Zehn, wer weiß es?
Zehn, ich weiß es!
Zehn sind die Gebote Gottes.
Neun, wer weiß es?
Neun, ich weiß es!
Neun sind die Monde der Mutterschaft.
Acht, wer weiß es?
Acht, ich weiß es!
Acht sind die Tage bis zur Beschneidung.
Sieben, wer weiß es?
Sieben, ich weiß es!
Sieben sind die Tage der Woche.
Sechs, wer weiß es?
Sechs, ich weiß es!
Sechs sind die Ordnungen der Mischna.
Fünf, wer weiß es?
Fünf, ich weiß es!
Fünf sind die Bücher Moses.
Vier, wer weiß es?
Vier, ich weiß es!

Vier sind die Mütter Israels (Sara, Rebekka, Lea und Rahel).
Drei, wer weiß es?
Drei, ich weiß es!
Drei sind die Erzväter Israels (Abraham, Isaak und Jakob).
Zwei, wer weiß es?
Zwei, ich weiß es!
Zwei sind die Tafeln des Bundes.
Eins, wer weiß es?
Eins, ich weiß es!
Eins ist unser Gott im Himmel und auf Erden.

Das jüdische Omer-Gebet

Eine Auswahl aus dem Verlagsprogramm

RAT UND WISSEN

Bewerbung

Bewerbungsstrategien
1027-3, von Dr. W. Reichel,
128 S., kart.
DM 14,90

Initiativbewerbungen
2107-0, von Dr. W. Reichel,
128 S., kart.
DM 16,90

Legale Bewerbungstricks
60325-2, von V. S. Rottmann,
96 S., kart.
DM 12,90

Lebenslauf und Bewerbung
60007-5, von H. Friedrich,
112 S., kart.
DM 12,90

Bewerbung um einen Ausbildungsplatz
1936-X, von P.-J. Schneider,
M. Zindel, 112 S., kart.
DM 16,90

Bewerbungserfolg trotz schwacher Zeugnisse
60157-8, von A. Schieberle,
136 S., kart.
DM 14,90

Testtrainer Einstellungstests
4999-4, von Dr. W. Reichel,
136 S., geb.
DM 15,–
(limitierter Sonderpreis)

Vorstellungsgespräche
60012-1, von H. Friedrich,
144 S., kart.
DM 11,90

Arbeitszeugnisse
1444-9, von A. Nasemann,
136 S., kart.
DM 16,90

Rechtsratgeber für Arbeitnehmer
60258-2, von U. Teschke-Bährle, 160 S., kart.
DM 16,90

Beruf/Karriere

Selbstständigkeit und freie Mitarbeit
1891-6, von T. Hammer,
Dr. W. Kiefl, 144 S., kart.
DM 19,90

Erfolgreiche Existenzgründung
60285-X, von N. Rentrop,
192 S., kart.
DM 19,90

FALKEN Reihe: FALKEN & PITMAN MANAGEMENT
Ausstattung: zwischen 184 S. und 248 S., Broschur
Preis: **DM 39,90**
4972-2 Die ersten 100 Tage als Chef
4973-0 Erfolgreiches Zeitmanagement
4976-5 Richtig delegieren
4971-4 Erfolgreiche Verhandlungstaktiken
4975-1 Die perfekte Präsentation

4974-9 Meetings erfolgreich steuern
7331-3 Marketing – eine Einführung
7329-1 Erfolgreich im Management
7330-5 Basiswissen für Führungskräfte
7328-3 Mitarbeitermotivation durch Empowerment
7362-3 Das souveräne Verhandlungsgespräch
7361-5 Erfolgsgeheimnis Teambildung

Lernhilfen/Schule

Erfolgreich im Beruf mit NLP
60288-4, von K. Grochowiak,
S. Haag, 104 S., kart.
DM 12,90

Handbuch Mathematik
4964-1, von W. Scholl,
R. Drews, 848 S., geb.
DM 69,90

Englische Grammatik
7341-0, von E. Henrichs-Kleinen, 288 S., geb.
DM 39,90

Gedächtnistraining mit Eselsbrücken
60060-1, von W. Ettig,
96 S., kart.
DM 12,90

Buchführung leicht gefaßt
60091-1, von H. R. Pohl,
104 S., kart.
DM 12,90

Schreiben lernen mit Schreibmaschine und PC
60055-5, von O. Fonfara,
112 S., kart.
DM 9,90

Kostenrechnung leicht gemacht
4826-2, von D. Machenheimer, 240 S., geb.
DM 39,90

FALKEN Reihe: Schülerhilfe
Ausstattung: zwischen 64 S. und 172 S., kartoniert
Preis: zwischen **DM 14,90** und **DM 29,90**
1834-7 Die neue deutsche Rechtschreibung
1890-9 Deutsche Grammatik
1783-9 Aufsatz
1623-9 Bruchrechnen
1569-0 Geometrie

1709-X Prozent- und Zinsrechnung
1570-4 Gleichungen und Ungleichungen

Stand der Preise 01.03.1998 · Änderungen vorbehalten / *unverbindliche Preisempfehlung

RAT UND WISSEN

1888-6 Wurzeln und Potenzen
1624-7 English Pronouns
1574-7 English Tenses
1784-7 If-Clauses & Co.

Recht/Wirtschaft/Steuern

Was kostet mein Recht?
60234-5, von J. Mosler,
104 S., kart.
DM 12,90

Recht für Mieter
1932-7, von M. Gaida,
304 S., kart.
DM 29,90

Der FALKEN Bauherren-Ratgeber
4888-2, von W. Jung,
B. W. Klöckner, 352 S., kart.
DM 39,90

Ihr Recht als Vermieter
60243-4, von R. Richter,
P. J. Schneider, A. Pollert,
208 S., kart.
DM 16,90

Eheverträge
60037-7, von T. Münster,
226 S., kart.
DM 19,90

Erziehungsgeld, Mutterschutz, Erziehungsurlaub
60014-8, von J. Grönert,
192 S., kart.
DM 19,90

Scheidung und Unterhalt
60015-6, von T. Drewes,
220 S., kart.
DM 19,90

Gesetzliche und private Altersvorsorge
1847-9, von D. Rehahn,
H. A. Reichel, W. Schöttler,
192 S., kart.
DM 24,90

Wie hoch wird meine Rente?
60209-9, von K. Möcks,
A. Schmitt, 160 S., kart.
DM 16,90

Erbschaftsteuer aktuell
60324-4, von W. Ludwig,
128 S., kart.
DM 14,90

Testament und Erbschaft
2111-9, von T. Drewes,
R. Hollender, 296 S.,
englische Broschur
DM 29,90

Vermögensbildung mit Immobilien
1712-X, von W. Schwanfelder, 144 S., kart.
DM 24,90

Erfolg mit Aktien
1663-8, von A.-S. Rühle,
128 S., kart.
DM 16,90

Keine Angst vor dem Finanzamt
60064-4, von H. Vogt,
132 S., kart.
DM 16,90

Korrespondenz und Rhetorik

Der neue Briefsteller
60002-6, von I. Wolter-Rosendorf, 130 S., kart.
DM 12,90

Briefe und Reden für den Trauerfall
1789-8, von U. Wetter,
112 S., kart.
DM 16,90

Modernes Redetraining
1575-5, von Prof. Dr. R. Brehler, 120 S., kart.
DM 19,90

Körpersprache
60096-2, von H. Rückle,
96 S., kart.
DM 12,90

Reden für Familienfeiern
60281-7, von G. Kurz,
112 S., kart.
DM 12,90

Lebensstil und Umgangsformen

Kreative Wohnideen
4889-0, von T. Eichhorn,
128 S., geb.
DM 39,90

Farbberatung für die Wohnung
4743-6, von G. Watermann,
128 S., geb.
DM 49,90

300 neue Frisuren
7359-3, von S. Ehlers,
128 S., geb.
DM 29,90

Krawatten
7319-4, von F. Chaille,
180 S., geb.,
mit Schutzumschlag
DM 89,90

Tücher und Schals perfekt binden
1898-3, von E. Weber-Lorkowski, 48 S., kart.
DM 14,90

Umgangsformen heute
4876-9, von H.-G. Schnitzer,
256 S., geb.
DM 29,90

Der gute Ton im Privatleben
60097-0, von R. Bartels,
104 S., kart.
DM 12,90

Feste feiern

Das große FALKEN-Buch zur Märchenhochzeit
7360-7, von A. Körner,
C. Ziegler, ca. 224 S., geb.
ersch. Juni 1998
ca. DM 49,90

Hochzeitsfeste mitgestalten
1790-1, von A. Wilke, B. Haß
104 S., kart.
DM 19,90

Tischdekorationen für die Hochzeit
1825-8, von H. Grob,
A. Henseler u.a., 64 S., kart.
DM 19,90

Blumenschmuck für das Brautpaar
4881-5, von H. Grob,
A. Henseler u.a., 80 S., geb.
DM 29,90

Neue Hochzeitsreden
60158-6, von S. Harland
112 S., kart.
DM 12,90

Feste feiern
4825-4, von C. Kast,
128 S., geb.
DM 39,90

Die neue Glückwunschfibel
60031-8, von R. Christian-Hildebrandt, 106 S., kart.
DM 9,90

Astrologie/Esoterik

Kinderhoroskop
60242-6, von W. Noé,
152 S., kart.
DM 14,90

ISBN-Bestandteil: 3-8068- / bei Buchnummern, die mit der Ziffer 6 beginnen, lautet der ISBN-Bestandteil: 3-635-

RAT UND WISSEN · ESSEN UND TRINKEN

Liebes-Horoskop
60297-3, von W. Noé,
128 S., kart.
DM 12,90

Chinesisches Horoskop
60006-7, von G. Haddenbach, 86 S., kart.
DM 9,90

Das Indianische Horoskop
60294-9, von W. Noé,
128 S., kart.
DM 14,90

Wahrsagetechniken
60373-2, von G. Haddenbach, 144 S., kart.
DM 14,90

I Ging
60253-1, von R. Sorrell,
A. M. Sorrell,
224 S., kart.
DM 19,90

Reiki
60247-7, von B. Glaser,
U. Vogt, 128 S., kart.
DM 14,90

Traumdeutung
60045-8, von G. Haddenbach, 172 S., kart.
DM 12,90

UFOs über Deutschland
60319-8, von M. Hesemann,
208 S., kart.
DM 19,90

Geheimlehren
60236-1, von N. Drury,
G. Tillet, 144 S., kart.
DM 16,90

Schutzengel
60333-3, von T. Keller,
D. Taylor, 144 S., kart.
DM 16,90

Auto/Führerschein

Der neue Verwarn- und Bußgeldkatalog
60292-2, von F. Littek,
126 S., kart.
DM 12,90

Der Test-Knacker bei Führerscheinverlust
2113-5, von T. Rieh,
128 S., kart.
DM 19,90

Prüfungsfragen und Prüfungsbogen für den Führerschein Kl. 3
1490-2, 104 S., kart.
DM 19,90

Trennkost

Trennkost für 1 Person
4851-3, von U. Summ,
112 S., geb.
DM 29,90

Trennkost leichtgemacht für Berufstätige
4890-4, von U. Summ,
128 S., geb.
DM 29,90

Das große Buch der Trennkost
4498-4, von U. Summ,
128 S., geb.
DM 29,90

Das Beste aus Ursula Summs Trennkost-Küche
4985-4, von U. Summ,
160 S., geb.
DM 29,90

Trennkost aus ärztlicher Sicht
60259-0, von Dr. med.
T.-M. Heintze, 84 S., kart.
DM 12,90

Erfolgreich schlank durch die Trennkost-6-Wochen-Kur
1968-8, von U. Summ,
104 S., kart.
DM 19,90

Die aktuelle Trennkost-Tabelle
1871-1, von U. Summ,
80 S., Flexcover
DM 14,90

Länderküche

Provence
7365-8, von U. Skadow,
S. Dickhaut, 224 S., geb.,
mit Schutzumschlag
DM 49,90

Italienische Küche
4830-0, von M. Kaltenbach,
R. Simeone, 224 S., geb.,
mit Schutzumschlag
DM 49,90

Chinesische Küche
7304-6, von H. Fu-Lung,
224 S., geb.,
mit Schutzumschlag
DM 49,90

Thailand
4945-5, von B. Aepli,
128 S., geb.,
mit Schutzumschlag
DM 34,90

Indien
7370-4, von S. Dhawan,
128 S., geb.,
mit Schutzumschlag
DM 39,90

Englische Landhausküche
4981-1, von D. Watkins,
J. J. Watkins, 128 S., geb.,
mit Schutzumschlag
DM 39,90

Amerikanische Küche
7308-9, von C. Stevenson Jr.,
P. Niebergall, 128 S., geb.,
mit Schutzumschlag
DM 39,90

Kochen

Unsere Kochschule
4959-5, von M. Kaltenbach,
F. W. Ehlert, 306 S., geb.
DM 25,–
(limitierter Sonderpreis)

FALKEN Reihe:
Rezepte! Rezepte!! Rezepte!!!
Ausstattung: 96 S., kart.
Preis: **DM 16,90**
1937-8 Krabben, Garnelen & Co.
1994-7 Chili, Peperoni & Co.
1944-0 Pastinaken, Kürbis & Co.

1941-6 Pizza, Quiche und Tarte
1939-4 Feta, Mozzarella & Co.
1940-8 American Cookies

FALKEN Reihe: ErlebnisKüche
Ausstattung: 128 S., geb.,
mit Schutzumschlag
Preis: **DM 34,90**
4944-7 Nudeln
4946-3 Raclette und heißer Stein
7315-1 Fondues
4984-6 Aufläufe und Gratins
4982-X Salate

Stand der Preise 01.03.1998 · Änderungen vorbehalten / *unverbindliche Preisempfehlung

ESSEN UND TRINKEN · MENSCH UND GESUNDHEIT

**Johann Lafer kocht –
Neue Rezepte**
7306-2, von Johann Lafer,
160 S., geb.
DM 39,90

Iß und trink und liebe
7303-8, von K. Ottenbach,
72 S., geb.,
mit Schutzumschlag
DM 49,90

Preiswert kochen
60025-3, von E. Fuhrmann,
136 S., kart.
DM 12,90

**Vegetarische Gerichte
aus aller Welt**
4977-3, von A. Ilies,
224 S., geb.,
mit Schutzumschlag
DM 49,90

**Rezepte mit Joghurt,
Kefir & Co.**
60068-7, von G. Volz,
104 S., kart.
DM 12,90

Vollwertküche für Genießer
4815-7, von Prof. Dr.
C. Leitzmann, H. Million,
256 S., geb.
DM 39,90

Das essen Kinder gern
4978-1, von A. Brenner,
128 S., geb.
DM 29,90

Gerichte für Diabetiker
60033-4, von M. Oehlrich,
108 S., kart.
DM 12,90

**Cholesterinarm kochen
und genießen**
4442-9, von R. Unsorg,
168 S., geb.
DM 49,90

**Fettarm kochen –
Abnehmen mit Genuß**
4866-1, von G. Hölz,
H. Million, 128 S., geb.
DM 39,90

Getränke

FALKEN Mixbuch
4733-9, Hrsg.: P. Bohrmann,
560 S., geb.
DM 39,90

Weinlexikon
4942-0, von Dr. H. Ambrosi,
384 S., geb.
DM 39,90

Meine Lieblingsweine
7364-X, von M. Broadbent,
224 S., geb.,
mit Schutzumschlag
DM 89,-

**Wein richtig genießen
lernen**
4809-2, von H. Ambrosi,
I. Swoboda, 128 S., geb.
DM 29,90

Mein Hobby Wein
7309-7, von R. Kriesi,
128 S., geb.
DM 34,90

**Was Weinfreunde wissen
wollen**
7342-9, von Prof. Dr.
K. Röder u.a., 192 S., geb.
DM 29,90

ElternRatgeber

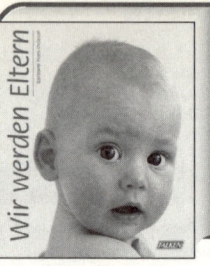

Wir werden Eltern
7353-4, von B. Nees-Delaval,
416 S., geb.
DM 39,90

Die schönsten Vornamen
4755-X, von Dr. D. Voorgang, 200 S., geb.
DM 19,90

Die Kunst des Stillens
60084-9, von Prof. Dr. med.
E. Schmidt, S. Brunn,
110 S., kart.
DM 12,90

Das erste Jahr mit dem Baby
4884-X, von Dr. med.
M. Weber, 144 S., geb.
DM 39,90

Wenn Kinder krank werden
7316-X, von B. Nees-Delaval,
240 S., geb.
DM 39,90

**Mein Kind ist krank,
so hilft die Natur**
4761-4, von Dr. med.
H. Wachtl, 160 S., geb.
DM 39,90

Menschen und Gesundheit

Heilpflanzen
4954-4, von A. Eckart,
Dr. G. Eckert, 176 S., geb.
DM 39,90

**Blütentherapie nach
Dr. Bach**
60019-9, von I. Wenzel,
96 S., kart.
DM 9,90

**Traditionelle Chinesische
Medizin**
60312-0, von Dr. med.
C. Kunkel, 118 S., kart.
DM 14,90

**Chinesische Fünf-Elemente-
Ernährung**
68005-2, von Dr. med.
C. Kunkel, 144 S., kart.
DM 29,90

Allergien
60057-1, von G. Leibold,
100 S., kart.
DM 12,90

Neurodermitis
1649-2, von Prof. Dr. med.
phil. S. Borelli, Prof. Dr.
med. J. Rakoski, 136 S., kart.
DM 24,90

Schuppenflechte
1467-8, von Prof. Dr. med.
phil. S. Borelli, Prof. Dr.
med. R. Engst, 102 S., kart.
DM 19,90

Teebaumöl
1878-9, von S. Poth,
Prof. Dr. J. Reichling,
96 S., kart.
DM 19,90

**Natürlich entgiften mit der
Öl-Zieh-Kur**
60391-0, von I. Hammelmann, 88 S., kart.
DM 10,90

**Die sagenhafte Heilkraft
der Papaya**
60396-1, von H. Tietze,
80 S., kart.
DM 12,90

ISBN-Bestandteil: 3-8068- / bei Buchnummern, die mit der Ziffer 6 beginnen, lautet der ISBN-Bestandteil: 3-635-

MENSCH UND GESUNDHEIT · SPORT UND FITNESS

Heilen und Vorbeugen mit Wein
60311-2, von Dr. med. F.-A. Graf von Ingelheim, I. Swoboda, 96 S., kart.
DM 14,90

Grapefruitkern-Extrakt für Gesundheit und Kosmetik
60379-1, von R. Knoller, 80 S., kart.
DM 12,90

Rheuma
60040-7, von Prof. Dr. med. K. Gräfenstein, 108 S., kart.
DM 14,90

Gymnastik für die Halswirbelsäule
1610-7, von J. Engelmann, 96 S., kart.
DM 19,90

Streß bewältigen durch Entspannung
60070-9, von Dr. med. Ch. Schenk, 122 S., kart.
DM 14,90

Positives Denken und Entspannungstechniken
60305-8, von Dr. med. C. Schenk, 112 S., kart.
DM 12,90

Augentraining
1616-6, von M. Gollub, Hrsg.: K. Haak, 96 S., kart.
DM 24,90

Massage
60038-5, von K. Schutt, 78 S., kart.
DM 12,90

Akupressur
1231-4, von F. T. Lie, 192 S., kart.
DM 29,90

Fußsohlenmassage
60036-9, von G. Leibold, 96 S., kart.
DM 11,90

Yoga
60093-8, von U. Thomsen, 104 S., kart.
DM 12,90

Sport

FALKEN Lexikon für Pferdefreunde
7352-6, von G. Wöckener, 320 S., geb.,
mit Schutzumschlag
ersch. Mai 1998
DM 69,90

FALKEN Reihe:
Ratgeber für Reiter
Ausstattung: zwischen 128 S. und 176 S., geb. oder kart.
Preis: zwischen **DM 29,90** und **DM 39,90**
4797-5 Ich will reiten lernen
4845-9 Junge Pferde selbst ausbilden
4871-8 Reiten für Einsteiger
4716-9 Reiten auf Gangpferden
4949-8 Wie verstehe ich mein Pferd?

Golf. Die frühen Jahre
7339-9, von D. Concannon, 144 S., geb.,
mit Schutzumschlag
DM 69,90

Der Schwung
4784-1, von O. Heuler, 128 S., geb.
DM 29,90

Fehler & Korrekturen
4872-6, von O. Heuler, 144 S., geb.
DM 39,90

FALKEN Reihe: Sportregeln
Ausstattung: zwischen 96 S. und 128 S., kart.
Preis: zwischen **DM 16,90** und **DM 24,90**
1676-X Basketball
1674-3 Pool-Billard
2135-6 Fußball
1754-5 Eishockey
1755-3 Tennis
1807-X Badminton

Tauchen
4955-2, von S. Müßig, 128 S., geb.
DM 39,90

Tennistraining mit System
4878-5, von A. Ferrauti, P. Maier, K. Weber, 192 S., geb.
DM 49,90

Billard
1313-2, von Dr. H. Stingl, 112 S., kart.
DM 29,90

Aggressive In-Line-Skating
1836-3, von U. Sauter u.a., 96 S., kart.
DM 24,90

Snowboarding
1860-6, von A. Hebbel-Seeger, 112 S., kart.
DM 29,90

Angeln
60080-6, von E. Bondick, 80 S., kart.
DM 12,90

Tanzen
4948-X, von P. Wolff, 192 S., geb.
DM 49,90

Fitness/Gymnastik

Fitness-Boxen
1671-9, von F. Kürzel, P. Wastl, 96 S., kart.
DM 24,90

Fit mit Ayurveda
60260-4, von J. Douillard, 208 S., kart.
DM 19,90

Stretching
60085-7, von E. Kleila, 64 S., kart.
DM 9,90

Muskeltraining zu Hause
60100-4, von A. Balk, 128 S., kart.
DM 14,90

Kampfsport

Aikido
2120-8, von R. Brand, 280 S., kart.
DM 24,90

Judo
0305-6, von M. Ohgo, 206 S., kart.
DM 24,90

Karate Grundlagen
1863-0, von E. Karamitsos, B. Pejcic, 144 S., kart.
DM 29,90

25 Shotokan-Katas
2125-7, von A. Pflüger, 88 S., kart.
DM 24,90

Bruce Lee – Sein Leben und Kampf
0392-7, von L. Lee, 136 S., kart.
DM 24,90

Stand der Preise 01.03.1998 · Änderungen vorbehalten / *unverbindliche Preisempfehlung

DO IT YOURSELF U. TECHNIK · KREATIVES GESTALTEN · SPIELE U. DENKSPORT

Bruce Lees Kampfstil 1
0473-7, von B. Lee,
M. Uyehara, 112 S., kart.
DM 9,90

Bruce Lees Kampfstil 2
0486-9, von B. Lee,
M. Uyehara, 128 S., kart.
DM 12,90

Dynamische Tritte
1683-2, von G. Chung,
C. Rothrock, 128 S., kart.
DM 16,90

Taekwondo
0347-1, von K. Gil,
152 S., kart.
DM 16,90

Ninja
1161-X, von A. Adams,
192 S., kart.
DM 19,90

Heimwerken/Technik

FALKEN Reihe: Do it yourself
Ausstattung: zwischen 80 S.,
und 104 S., kart.
Preis: DM 19,90
1665-4 Reparaturen in Haus und Garten
1159-8 Betonieren, Mauern, Fliesen
1857-6 Bäder ausbauen und modernisieren

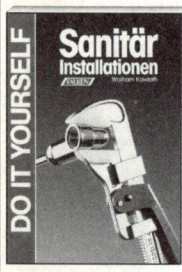

1118-0 Sanitärinstallationen
1799-5 Fliesen legen
1855-X Tapezieren und Streichen
1841-X Dachausbau
1995-5 Innenausbau mit System
1859-2 Elektroarbeiten
1716-2 Sicherheit an der Haustür

Heimwerken
4983-8, von T. Pochert,
416 S., geb.
DM 49,90

Foto/Video

Moderne Fotopraxis
7310-0, von G. Koshofer,
Prof. H. Wedewardt,
240 S., geb.
DM 49,90

Zeichnen und Malen

Kreativ zeichnen
4688-X, von B. Bagnall,
176 S., geb.
DM 39,90

Aquarellmalerei
4529-8, von Prof. W. Wrisch,
136 S., geb.
DM 39,90

Kalligraphie
1044-3, von I. Schade,
80 S., kart.
DM 19,90

Airbrush
1133-4, von C. M. Mette,
80 S., kart.
DM 19,90

Seidenmalerei

Lexikon der Seidenmalerei
4737-1, von K. Huber,
208 S., geb.
DM 49,90

Aquarellieren auf Seide
4842-4, von Shahida,
112 S., geb.
DM 39,90

Einführung in die Seidenmalerei
0611-X, von R. Henge,
88 S., kart.
DM 19,90

Malen auf Seide
4941-2, von C. Köhl,
Shahida, 112 S., geb.
DM 29,90

Verschiedene Techniken

Alles aus Wellpappe
1430-9, von I. Kasperek,
64 S., kart.
DM 19,90

Landhausstil
7332-1, 128 S., geb.
DM 34,90

Artischockentechnik
1682-4, von M. von Perbandt, K. Teuber,
64 S., kart.
DM 19,90

Patchwork und Quilt
4803-3, von I. Kahmann
u.a., 112 S., geb.
DM 29,90

Nähen
4709-6, von S. von Rudzinski,
176 S., geb.
DM 39,90

Perfekt Stricken
4821-1, von H. Jaacks,
224 S., geb.
DM 39,90

Töpfern ohne Scheibe
0896-1, von A. Riedinger,
80 S., kart.
DM 19,90

Dekorieren und Gestalten mit Naturmaterialien
4748-7, von E. Dommershausen u.a., 128 S., geb.
DM 29,90

Stempeln
1823-1, von E. Metz,
P. Läpple, 80 S., kart.
DM 19,90

Freundschaftsbänder
1720-0, von A. Neeb,
E. Walch u.a., 64 S., kart.
DM 19,90

Bücher, Alben, Schachteln selbermachen
4772-X, von P. Baumgartne
96 S., geb.
DM 29,90

Geldgeschenke und Geschenkgutscheine
1684-0, von S. Haenitsch-Weiß, 64 S., kart.
DM 19,90

Spiele/Denksport

Bridge für Einsteiger
1691-3, von B. Ludewig,
104 S., kart.
DM 16,90

Doppelkopf
1828-2, von U. Vohland,
96 S., kart.
DM 16,90

Kartenspiele
7333-X, von M. Mala,
176 S., geb.
DM 29,90

Backgammon für Einsteiger
1690-5, von M. B. Fischer,
E. Heyken, 104 S., kart.
DM 16,90

SPIELE UND DENKSPORT · FALKEN FÜR KINDER · GARTEN · TIERE

Patiencen
60020-2, von I. Wolter-Rosendorf, 112 S., kart.
DM 12,90

Poker
60225-6, von C. D. Grupp, 112 S., kart.
DM 12,90

Schach für Einsteiger
1724-3, von E. Heyken, 120 S., kart.
DM 19,90

Spielideen für Partys
1725-1, von E. und H. Bücken, 88 S., kart.
DM 16,90

111 Spielideen, das Gedächtnis zu trainieren
1829-0, von T. Werneck, 96 S., kart.
DM 16,90

Knobeleien und Denksportaufgaben
60099-7, von K. Rechberger, 100 S., kart.
DM 12,90

Ratgeber für Kinder

FALKEN Reihe:
Ratgeber für Kinder
Ausstattung: zwischen 48 S. und 64 S., geb.
Preis: DM 19,90
4897-1 Mein Mutmachbuch
4898-X Mein Krankenhausbuch
4896-3 Mein erstes Pferdebuch

7337-2 Mein erstes Reitbuch
4991-9 Mein Kochbuch
4990-0 Mein Ballettbuch
4900-5 Mein Fußballbuch
4938-2 Mein Fahrradbuch
7335-6 Mein erstes Inline-Skating-Buch
4894-7 Mein Katzenbuch
4939-0 Mein Hundebuch

4993-5 Mein Hamsterbuch
7324-0 Mein Wellensittichbuch
7338-0 Mein Meerschweinchenbuch
4992-7 Wenn meine Eltern sich trennen

Kinderbeschäftigung

Das neue Bastelbuch für Kinder
4893-9, von U. Barff, I. Burkhardt, J. Maier, 208 S., geb.
DM 39,90

Basteln mit Pappe und Papier
4843-2, Hrsg.: U. Barff, 112 S., geb.
DM 29,90

Schminken und Verkleiden
4773-8, von W. Stelzenhammer, Hrsg.: U. Barff, 128 S., geb.
DM 29,90

Spielen mit einfachen Sachen
4994-3, von A.-G. Patz, D. Patz, 112 S., geb.
DM 29,90

Tanz-, Kreis- und Bewegungsspiele
7343-7, von A.-G. und D. Patz, 112 S., geb.
DM 29,90

Spiele für Kleinkinder
60022-9, von D. Kellermann, 104 S., kart.
DM 12,90

Kinderleichte Kochrezepte für kleine Leute
4850-5, von K. Müller-Urban, 128 S., geb.
DM 19,90

Garten

Die große FALKEN Gartenschule
7354-2, von J. Breschke u. a., 560 S., geb., mit Schutzumschlag
DM 79,90

FALKEN Gartenjahr
7355-0, von K. Greiner, A. Weber, P. Michaeli-Achmühle, 320 S., geb.
DM 39,90

100 englische Gärten
4885-8, von P. Taylor, 216 S., geb., mit Schutzumschlag
DM 79,–

Bauerngärten
4786-X, von U. Krüger, 128 S., geb.
DM 39,90

Naturgärten
4967-6, von J. Korz, 240 S., geb.
DM 69,90

Gartengestaltung mit Phantasie
7318-6, von K. Greiner, Dr. A. Weber, 208 S., geb., mit Schutzumschlag
DM 79,90

Blumen, Stauden, Ziergehölze
4753-3, von K. Greiner, Dr. A. Weber, 384 S., geb.
DM 69,90

FALKEN Lexikon Gartenteich
4778-9, von I. Polaschek, A. Fischer-Nagel, 216 S., geb.
DM 49,90

Grüner wohnen
4886-6, von U. Krüger, 144 S., geb., mit Schutzumschlag
DM 49,90

Tiere

Katzen auf natürliche Weise heilen
7314-3, von Dr. med. vet. C. Möller, 128 S., geb.
DM 29,90

Richtige Katzenernährung
1869-X, von H. Wenzel, 96 S., kart.
DM 16,90

Wellensittiche
1813-4 von H. Bielfeld, 96 S., kart.
DM 16,90

Alles über Kanarienvögel
0901-1, von H. Schnoor, 64 S., kart.
DM 14,90

Zwergkaninchen
1680-8, von M. Mettler, 96 S., kart.
DM 16,90

Zwerg- und Goldhamster
1734-0, von M. Mettler, 96 S., kart.
DM 16,90

Meerschweinchen
1812-6, von M. Mettler, 96 S., kart.
DM 16,90

Das Süßwasseraquarium
4752-5, von Dr. med. vet. J. Etscheidt, 224 S., geb.
DM 49,90

Terrarium
7313-5, von W. Ullrich, 128 S., geb.
DM 29,90

FALKEN Reihe:
Hundebibliothek
Ausstattung: zwischen 80 S. und 112 S., kartoniert
Preis: zwischen DM 14,90 und DM 19,90

TIERE · REISEVIDEO

1757-X Dalmatiner
1756-1 Dackel
1677-8 Labrador, Retriever
1644-1 Neufundländer und Landseer
1596-8 Boxer
1513-5 Schäferhunde
1514-3 West Highland White Terrier
1808-8 Setter
1866-5 Siberian Husky
1809-6 Hovawart

1990-4 Tibet Terrier
1811-8 Foxterrier
1512-7 Streuner und Tierheimhunde
1604-2 Hundekrankheiten erkennen und behandeln
1991-2 Mit dem Hund in den Urlaub
1810-X Rechtsratgeber für Hundehalter

Das neue Hundebuch
60079-2, von W. Busak, 124 S., kart.
DM 14,90

Erfolgreiche Hundeerziehung
4808-4, von U. Birr, 144 S., geb.
DM 29,90

Reisevideo

FALKEN Reihe: Reisevideos
Ausstattung: VHS, ca. 60 Min. Laufzeit, in Farbe
Preis: **DM 39,95***

FALKEN hat Reisevideos zu über 70 Urlaubszielen in aller Welt von **A** bis **Z**

6249-4 Amsterdam

6226-5 Neuseeland

6206-0 Zypern

ISBN-Bestandteil: 3-8068- / bei Buchnummern, die mit der Ziffer 6 beginnen, lautet der ISBN-Bestandteil: 3-635-

BESTELLSCHEIN

Hiermit bestelle ich aus dem Programm der Verlagsgruppe FALKEN, Postfach 11 20, D-65521 Niedernhausen, **durch die Buchhandlung:**

Falls durch besondere Umstände Preisänderungen notwendig werden, erfolgt Auftragserledigung zu dem bei der Lieferung gültigen Preis.
(Soweit gesetzlich nicht anders vorgesehen, ist der Erfüllungsort und Gerichtsstand der jeweilige Sitz der Lieferfirma).

Anzahl	Bestell-Nr.:	Titel	Einzelpreis	Gesamtpreis
			Summe	
			zzgl. Porto- und Versandkosten	

Name: Straße:

Ort:

Datum: Unterschrift:

(Bei Jugendlichen der gesetzliche Vertreter)

FTB-VV F '9

Der Spezialist für nützliche Bücher und Videos